AF445512

EYEGLASS
PUBLISHING

Contenido

Reconocimiento

Quiero dar las gracias a quienes me inspiraron y ayudaron durante este viaje, dándome la confianza para alcanzar mi sueño de ser autor. Mi hija Gabriela Nicole dio crédito a este sueño y me ayudó a revisar cada palabra del libro. Durante este proceso ella me retaba a hacerlo "más fácil de entender" para aquellos interesados en la seguridad, pero sin conocimientos técnicos. Mi hermano Eduardo, que leyó penosamente los primeros borradores del libro y me ofreció la perspectiva de cómo dejar hablar mi propia voz en cada capítulo.

Debo reconocer el apoyo de mi esposa Shanell, que me hacía un seguimiento semanal y me escuchaba cada desacierto o logro en el camino.

Mis amigos, Estephanie Aguilar, Edwin Rivera y Jean Hernández aportaron cada uno su "granito de arena" sobre temas que nuestros clientes nos preguntan cada semana, y siendo brutalmente honestos con sus afirmaciones sobre cómo "no hacerlo aburrido".

A todos mis compañeros y clientes que me desafían cada día a ser mejor y a aprender nuevas formas de evangelizar el mensaje de la seguridad, les doy las gracias a todos.

Me ha gustado este proceso y espero que te ayude a aprender que la seguridad no es un tema fácil, pero tenemos formas de simplificarlo y hacerlo práctico en nuestra vida cotidiana.

Introducción

Es 2009, estás en Los Ángeles, y los LA Lakers de Kobe Bryant acaban de ganar las finales de la NBA, y todo el mundo está enloquecido. Con la mayoría de la gente distraída en la celebración, es el momento perfecto para pasar a tu misión.

Te miras al espejo y te sientes cómodo. Vas muy bien vestido, guapo y atlético con una sonrisa de un millón de dólares. La misión consiste en infiltrarse en un edificio fuertemente custodiado para obtener información altamente clasificada. El equipo lleva meses evaluando y planificando cómo acceder al edificio. Pero para acceder se necesita una identificación con credenciales. Luego de estudiar a los empleados tú identificas a la conserje como el objetivo más fácil; como en la mayoría de las películas, ella tiene las llaves que dan acceso a todo el edificio con una sola credencial. Con tu encantos e ingenio, logras despojarla de su carné de acceso.

Con el carné de acceso en mano tu equipo a trasado la ruta que debemos tomar para llegar al objetivo. Lograrlo no va a ser sencillo porque la mayoría de la gente del edificio no te conoce. Luego de deliberar con el equipo alternativas de acceso llegan a la conclusión que se va a necesitar una distracción para moverse libremente hasta el último piso. Como en todas las películas de espías, tu equipo de apoyo te vigila mientras te mueves por el edificio, y consiguen cortar todas las cámaras de vídeo que vigilan el edificio y activan la alarma para desalojar las instalaciones. Una vez que llegas al último piso, sacas tu cámara para hacer fotos de documentos clasificados o irrumpes en la caja fuerte para llevarte las joyas de la corona que has venido a buscar. Puedes venderlo todo al mejor postor o pedir un rescate con todo asegurado.

Llegados a este punto, te preguntarás: "¿Qué tiene que ver esto con la ciberseguridad?".

En la sociedad moderna actual, el "edificio fuertemente custodiado" podría ser tu casa, tu oficina o cualquier lugar en el que vivan tus datos. El espía es el hacker, y el "equipo de apoyo" es el grupo de cooperación que utilizan para infiltrarse en tus sistemas (la mayoría de los hackers comparten guiones, herramientas y métodos). Los hackers son personas brillantes y pacientes que se toman su tiempo para evaluar tus defensas y crear distracciones (desencadenan simulacros de ataques para ver cómo intentarás defender tu ambiente). Pueden robar tu identidad o cuentas de acceso a tu red (como hicieron con el conserje) para acceder a tus cuentas bancarias, pedir préstamos, utilizar tu crédito o venderlo en la red oscura al mejor postor. Los piratas informáticos utilizan diversas técnicas y tácticas, como la ingeniería social, para obtener información valiosa de su círculo de amigos, las redes sociales o simplemente escuchando una conversación en una cafetería local. Los "documentos clasificados" pueden ser información sobre tus clientes, planos de ese nuevo producto en el que has estado trabajando, información privada como fotos, números de la seguridad social y extractos bancarios... Puedo seguir dando algunos ejemplos adicionales, pero creo que ya te haces una idea de porque una película de espía es lo más cercano a la realidad. Como nota al margen, no tengo ni idea de si los hackers son altos, guapos o atléticos; por lo que sé, podrían ser gente diminuta que vive debajo de tu casa, pero me encantan las películas de James Bond y pensé que la analogía daría en el clavo.

Cuando se trata del tópico de la ciberseguridad, las preguntas que escucho de la mayoría de mis clientes son ¿por qué ha ocurrido esto? ¿Por qué nuestro equipo no se dio cuenta? ¿Es real el impacto, o se trata sólo de empresas de seguridad que crean miedo para vender más productos y servicios? ¿Cómo podemos evitar que esto nos ocurra a nosotros?

Todas estas preguntas son válidas; probablemente he olvidado algunas más que podríamos tratar con más detalle a medida que avancemos en los siguientes capítulos.

Durante la lectura de este libro, hablaremos de por qué es importante para todos nosotros y de las repercusiones para usted o su organización. Es posible que se complique con algunos términos; no obstante, incluiré un glosario como referencia y haremos todo lo posible por ofrecer suficientes ejemplos reales de acciones, procesos, herramientas y posibles efectos.

Antes de que la comunidad de seguridad se me eche encima, quiero aclarar que este libro pretende simplificar un tema muy complejo para educar al público en general y a los responsables de la toma de decisiones. He omitido a propósito muchos detalles técnicos como ataques DDOS, NAT, herramientas de scripting, vectores de ataque y algunos otros, ya que son muy técnicos y requieren una comprensión más profunda de dichos términos.

Acompáñeme ahora a Simplificar la Ciberseguridad.

Capítulo 1: Qué es la ciberseguridad y por qué debería importarle

La ciberseguridad protege los sistemas informáticos, las redes y los activos digitales frente a robos, daños o accesos no autorizados. Esa podría ser la definición de ciberseguridad que encontrará en Internet o en un diccionario... pero dicho en términos sencillos, es defender sus datos para evitar que se los roben o que alguien acceda a su información. Si alguien accede a tus datos o los roba, se considera un ciberataque.

¿Por qué debería aprender, comprender o incluso preocuparme por estos ciberataques? Todo lo que haces hoy en día tiene una huella digital. Piense en correos electrónicos, fotos, chats, mensajes de texto, llamadas telefónicas, ubicaciones, documentos, análisis, compras, historiales médicos, etc.

Luego de la pandemia añadimos complejidades adicionales, como datos laborales y personales que se solapan. Algunos ejemplos de ello son los programas de bienestar o wellness en inglés, el trabajo remoto desde la casa y los dispositivos corporativos que se interconectan con nuestros equipos personales (pensemos en los teléfonos móviles o en Bring Your Own Device). Un elemento nuevo es la adopción de la Inteligencia Artificial que atenta con hacer pública y disponible su data al mundo entero. Los piratas informáticos quieren tener acceso a todo ello, y no les importa si eres una persona o una organización multinacional.

La siguiente pregunta que puede surgir es: "¿Para qué quieren esos datos?".

La motivación puede ser exclusiva del hacker. Existen diferentes intereses: Dinero, políticos o maldad. Cuando el motivo es dinero, el hacker utiliza uno de dos métodos que han resultado muy rentables para ellos con bajo riesgo de ser detectados. El primer método puede ser "secuestrar sus datos" o conocido en inglés como Ransomware, a cambio de un pago. La segunda forma que logran comercializar su delincuencia es vendiendo su información robada en la *internet oscura* (véanse los glosarios para más detalles). En la internet oscura es donde pueden conseguir vender los datos robados como por ejemplo información personal identificable (PII). Esta información robada pueden ser números de la seguridad social, información de pagos, historiales médicos o credenciales de inicio de sesión. Cada uno de estos ejemplos tienen un precio especifico que van desde $100 dólares hasta miles de dólares por cada registro obtenido.

Cuando los hackers están patrocinados por el gobierno, pueden interesar secretos comerciales, desestabilizar un país u otros gobiernos, crear pánico o división, o encontrar vulnerabilidades en la infraestructura de los países. Este método está tomando mucho auge a nivel mundial. El termino usado para este método es "Guerra cibernética".

Algunos hackers lo hacen por diversión o para ganarse la reputación de la comunidad.

El termino mas escuchado en las noticias por lo general es 'ransomware'. Esta táctica a resultado el método más sencillo para los hackers para obtener ganancias. El ransomware está compuesto de 'Ware' que es la ejecución de un programa maligno que los hackers utilizan para secuestrar tus datos. Bajo esa premisa ellos encriptan tus datos, y si quieres acceder a tu información, tienes que pagar un 'Rescate'. El cifrado es el proceso de codificar un mensaje o información para que sólo las partes autorizadas puedan acceder a él mediante un algoritmo conocido como llave de cifrado. Dicho simplemente, secuestran tus datos y te dan la llave de cifrado a cambio de dinero lo que resulta en el famoso 'ransomware'.

Para muchas organizaciones, defenderse de los ciberataques se ha convertido en todo un reto. Hoy en día, todos los proveedores tienen algún producto o servicio de ciberseguridad, lo que puede resultar un poco abrumador.

A medida que avancemos en este viaje, haremos todo lo posible para proporcionar orientación sobre el establecimiento de una comprensión de nuestra tolerancia al riesgo, la identificación de nuestros activos valiosos y la creación de un proceso de gobierno corporativo que pueda minimizar las amenazas potenciales y sus respectivos costos.

Profundicemos ahora en cuáles son algunas de las consecuencias de un ciberataque.

Capítulo 2: Comprender las consecuencias de los ciber incidentes

Este capítulo investiga las implicaciones y repercusiones sociales más amplias de los incidentes cibernéticos. También se examinan las medidas de iniciativa que pueden reducir los riesgos de ciberseguridad.

Antes de entrar en estos detalles, es esencial abordar el elefante en la habitación (de quién son las responsabilidades en un entorno corporativo). La ciberseguridad es una actividad delictiva. Un incidente de ciberseguridad sólo cambia la forma en que el delincuente perpetró el acto de robar o acceder a su entorno. No es un problema que deba resolver el departamento de TI (tecnología informática); éste ayuda a habilitar las herramientas y los procesos que la organización debe adoptar para protegerse. En este contexto, el departamento de TI debe asociarse con otras áreas de la empresa, como Recursos Humanos (ayuda en la concienciación), Legal (gestión de políticas), Compras (investigación de la cadena de suministro), Riesgos (evaluación del impacto), Operaciones (creación de procesos), Relaciones Públicas (comunicación interna y externa), y otras. La función del departamento de tecnología es habilitar los procesos, herramientas y aplicaciones que definan las organizaciones. Desafortunadamente muchas organizaciones sobrecargan a su personal de TI cuando se trata de una *cuestión de resiliencia empresarial,* y todos deben ser responsables. No existe un producto o servicio mágico para resolver el problema; un enfoque multicapa que incluya procesos, tecnología y concienciación puede ayudar a mitigar el impacto.

Si lo analizamos individualmente, todos somos parte de la solución. Debemos ser conscientes de los peligros y de sus posibles desencadenantes. Profundizaremos en ello más adelante, en otro capítulo. Pero una enseñanza clave es que todos desempeñamos un papel en la protección de nuestras comunidades, empresas y familias en la guerra cibernética.

Con este telón de fondo, la ciberseguridad se ha convertido en una prioridad cada vez mayor en el entorno interconectado actual. Nuestra creciente dependencia de la tecnología y del Internet para actividades personales y profesionales convierte cualquier violación en un grave riesgo, con repercusiones duraderas que incluyen pérdidas financieras, daños a la reputación, implicaciones legales y ramificaciones normativas relacionadas con estos incidentes.

En algunos casos lamentablemente hemos visto afectación emocional que han causado problemas familiares, ataques contra la reputación de una persona y a su vez llevado algunos usuarios a privarse de la vida.

A nivel empresarial uno de los efectos inmediatos y tangibles de los incidentes de ciberseguridad son sus *ramificaciones financieras*. Los ataques pueden acarrear costes directos, como los esfuerzos de reparación, que se dice que a veces son 20 veces superiores al coste de la protección; luego tenemos los costes asociados a los honorarios legales y las multas reglamentarias, y los indirectos, como las pérdidas de ingresos, los problemas de confianza de los clientes o la pérdida de cuota de mercado. En consecuencia, las organizaciones deben aplicar medidas de ciberseguridad sólidas para limitar las posibles pérdidas monetarias debidas a incidentes de ciberseguridad.

He trabajado directamente con organizaciones privadas y gobiernos, y un problema común que veo es que asumimos que estos incidentes son rápidos de resolver. Un ciberataque puede *interrumpir las operaciones* durante días o incluso semanas, dependiendo de su naturaleza y gravedad, así como del tamaño y complejidad del sistema objetivo. Mientras que un ciberataque exitoso puede requerir sólo varias horas de inactividad en algunos casos, otros ataques pueden requerir semanas, meses o incluso años para el *restablecimiento completo del* servicio. Contar con un plan de resistencia empresarial bien documentado proporciona medidas para minimizar estos costes y acelerar los esfuerzos de restauración.

Si recuerdas la analogía del espía que accedió al edificio, piensa en cómo esto se convirtió en un problema más importante, se activaron alarmas que requieren atención, se interrumpió la alimentación de las cámaras de vídeo, se robaron identificaciones y accesos, y los empleados evacuaron el edificio (esperemos que sanos y salvos), lo que supone horas no productivas para la empresa. A esto hay que añadir el coste de investigar lo sucedido y saber si otros sistemas o información se vieron comprometidos. Todos estos procesos llevarán varias semanas y unos costes que pueden ser perjudiciales si no estábamos preparados.

*El Instituto Ponemon, con sede en Michigan, informó en 2021 que tiempo promedio de los ciberataques cuestan un tiempo de inactividad medio de 2,6 millones de dólares, *siendo 21 días la* duración *media del tiempo de inactividad*. Pero esta cifra puede variar en función del sector: por ejemplo, en la industria de salud se registró un aumento de los costes y un tiempo de inactividad más prolongado ante los ataques cibernéticos.

La reputación es un activo inestimable de una organización, pero cualquier ciberataque puede ponerla en peligro con publicidad negativa, degradación de la imagen de marca, problemas de confianza de los clientes o pérdida de fidelidad, daños que a menudo no pueden repararse por completo a pesar de dedicar tiempo y recursos a las reparaciones. Por lo tanto, proteger este activo intangible mediante medidas eficaces de ciberseguridad es vital en el mundo empresarial actual, altamente competitivo.

<u>**Implicaciones jurídicas y reglamentarias**</u>

Los incidentes de ciberseguridad pueden tener ramificaciones legales y reglamentarias según su naturaleza, el sector de la industria al que afecten y el distrito en el que opere una organización. Las violaciones de datos a menudo conllevan requisitos legales para informar a las personas afectadas y posiblemente a los reguladores. Las organizaciones podrían enfrentarse a demandas, multas y sanciones por no proteger eficazmente los datos sensibles o no cumplir la legislación y la normativa pertinentes. En determinadas condiciones, los altos ejecutivos y los miembros del consejo de administración podrían enfrentarse a una responsabilidad personal por incidentes de ciberseguridad que les afecten directamente, por lo que comprender sus ramificaciones legales y reglamentarias.

Un ejemplo es *Target Corporation, que se enfrentó a un ciberataque que comprometió millones de datos personales y financieros de sus clientes en 2013. A raíz de esta violación, se presentaron varias demandas colectivas alegando que Target no protegió adecuadamente los datos de sus clientes, lo que provocó daños y perjuicios debido a una protección inadecuada.

*Equifax, otro ejemplo, una de las principales agencias de información crediticia de Estados Unidos, sufrió una filtración de datos sin precedentes en 2017 que expuso los registros personales y empresariales de alrededor de 143 millones de personas y empresas cuya información había quedado al descubierto. Tras este ataque, se interpusieron numerosas demandas contra Equifax por parte de particulares y empresas afectados. Al final Equifax acordó resolver estas demandas pagando hasta $700 millones de dólares como pagos de liquidación.

A medida que los ciberataques sean más frecuentes y destructivos, es probable que sucedan más demandas judiciales con un mayor impacto.

Los incidentes de ciberseguridad no sólo afectan a las organizaciones; sus efectos también pueden tener ramificaciones sociales de gran alcance. Los atacantes pueden hacer caer infraestructuras esenciales como redes eléctricas, redes de transporte y servicios sanitarios, provocando trastornos y malestar social generalizados. Además, podrían poner en peligro la privacidad y la seguridad de la información personal socavando la confianza en la tecnología y creando miedo e incertidumbre en la red.

Un ejemplo reciente de afectación a la infraestructura se produjo en febrero del 2021. Un ciberataque a una instalación de tratamiento de aguas en la Florida. Los piratas informáticos se hicieran brevemente con el control del sistema e intentaran aumentar el hidróxido de sodio, que es un producto químico cáustico, hasta niveles peligrosos. Aunque los operarios de la planta detectaron y frustraron el intento, el incidente puso de relieve el potencial de los ciberataques para causar daños físicos y perjudicar infraestructuras críticas.

Un suceso más reciente fue la filtración de datos de *HCA Healthcare el 5 de julio de 2023 (de la que se informó el 10 de julio). Esta empresa de 182 hospitales con fines de lucro reveló que se había puesto en peligro una ubicación de almacenamiento externo. Se accedió a listas de datos que incluían hasta 27 millones de filas de datos que potencialmente afectaban a 11 millones de pacientes, e información que iba desde nombres de pacientes, correos electrónicos y fechas de nacimiento. Las consecuencias a las que se enfrentan ahora son múltiples demandas civiles presentadas en todo el país. Los pacientes afectados tienen una preocupación real porque *"ahora se enfrentan a un riesgo de por vida de robo de identidad debido a la naturaleza de la información perdida, y a una disminución del valor de sus datos privados."*

Dada la gravedad de los incidentes cibernéticos, las organizaciones deben tomar *medidas proactivas* para limitar los riesgos de seguridad.

Principales conclusiones de este capítulo: Los incidentes de ciberseguridad pueden tener repercusiones de gran alcance que afecten las finanzas, la gestión del riesgo reputacional, requisitos y normativas legales y a la sociedad. No se trata de una cuestión o un problema informático; es un acto delictivo que afecta a toda la organización.

La seguridad debe ser responsabilidad de todos los departamentos que confeccionan la empresa, y la ciberseguridad debe convertirse en parte de la cultura que permea en la organización. Al priorizar las iniciativas de ciberseguridad, pueden protegerse a sí mismas, a sus clientes y a las partes interesadas de posibles daños, al tiempo que crean un ecosistema digital más seguro.

Capítulo 3: Conceptos básicos de ciberseguridad

Los entornos digitales modernos son ambientes en constante evolución. En este constante cambio las organizaciones y las personas deben navegar por una serie de ciber amenazas que podrían tener graves repercusiones. Reconocerlas es vital para construir una mentalidad de ciberseguridad adaptativa. Para poder reconocer y planificar las amenazas, también debemos comprender bien qué son estos conceptos. También exploramos las amenazas y las tendencias recientes de los ataques mientras evaluamos sus efectos y desarrollamos medidas defensivas adaptativas contra ellas.

<u>Tipos de ciber amenazas</u>

Malware: (software malicioso) se refiere a programas de software creados para infiltrarse, perturbar u obtener acceso no autorizado a sistemas o datos. Entre las formas más comunes se incluyen virus, gusanos, troyanos, ransomware y spyware. Estos programas maliciosos suelen llegar a través de correo electrónico como un archivo adjunto, o en ocasiones son descargas de sitios web comprometidos. Se da muy a menudo que se pueden introducirse mediante unidades USB infectadas, aplicaciones descargadas en línea que no han sido validadas o conectándose a estaciones de carga abiertas que están disponibles públicamente en aeropuertos, bibliotecas, cafeterías u otros.

Ransomware: es un malware avanzado diseñado para denegar a un usuario u organización el acceso a los archivos de su ordenador, cifrándolos y exigiendo el pago de un rescate por la clave del descifrado; los ciber atacantes colocan a las organizaciones en una posición en la que el pago del rescate es la forma más fácil y rápida de recuperar el acceso a sus archivos.

Phishing e ingeniería social: El phishing es un ciberataque que engaña a las personas para que proporcionen datos confidenciales. Los ciber piratas logran este engaño haciéndose pasar por una figura de autoridad. Buscan comprometer datos como nombres de usuario, contraseñas y números de tarjetas de crédito. La ingeniería social hace referencia a diversas técnicas para influir en otras personas para que proporcionen datos confidenciales o realicen acciones que comprometan la seguridad. No deja de sorprenderme la cantidad de veces que compartimos información no solicitada con desconocidos. Sin darnos cuenta proveemos libremente información como: "Estamos de vacaciones", "Es mi cumpleaños", "Trabajo en tal o cual sitio" y otros detalles que pueden comprometer nuestra seguridad. Hablaremos de por qué suponen una amenaza en un capítulo posterior.

Amenazas internas: Ocurren cuando personas con acceso a los datos se aprovechan de sus privilegios en beneficio propio o con fines malintencionados, ya sean empleados, contratistas o socios comerciales con autorización. Cuando el actor es interno hacen un uso indebido con sus accesos para robar datos de forma intencionada o involuntariamente, participando en tramas de fraude o perturbando los servicios.

Cabe señalar que en ocasiones la víctima no sabe que están vulnerando el ambiente. Posiblemente se produjo la infección fuera del ambiente laboral de forma silenciosa y la trajo consigo en su sistema, en USB o algún archivo comprometido.

Ataques distribuidos de denegación de servicio (DDoS): Los ataques DDoS consisten en inundar un sistema o red con tráfico para interrumpir su funcionamiento normal y provocar tiempos de inactividad, pérdidas de ingresos y daños a la reputación de la marca; las redes de bots suelen llevar a cabo este tipo de ataques. Los hackers llevan décadas utilizando esta técnica aunque no tiene tanto éxito como en el pasado, pero sirve como "distracción", para poner a prueba sus defensas.

Amenazas Persistentes Avanzadas (APT): utiliza técnicas de hackeo continuas y avanzadas para acceder a un sistema y permanecer allí durante un tiempo prolongado y potencialmente destructivo. El atacante puede recopilar datos confidenciales o cometer actos de espionaje o sabotaje durante largos periodos que pueden ser días, meses o años. Los atacantes adoptan un enfoque sigiloso para evitar ser detectados y mantener un acceso continuo a los sistemas del objetivo.

Amenazas del IoT: Con la proliferación de los dispositivos de Internet de las Cosas (IoT), existe una creciente preocupación por la seguridad de estos dispositivos y la posibilidad de que los hackers los exploten para obtener acceso a la red o infraestructura más amplia. Algunos ejemplos son drones, cámaras, sensores, gadgets, electrodomésticos y otros.

En esta sección compartimos algunos de los más utilizados por los actores de amenazas, pero hay muchas otras técnicas que usted podría estar interesado en ver, tales como: Hombre en el Medio, ataques de fuerza bruta, inyecciones SQL, Cross-Site Scripting, ataques Spoofing, ataque de contraseña, Drive-attacks y otros.

Tipos de ciberataques

Ataques de Estados-nación: Los grupos patrocinados por el "Estado" o gobiernos, han aumentado el uso de los ciberataques con diversos fines, como la recopilación de información, el espionaje económico, la influencia geopolítica y el control geoespacial. Las ramificaciones son potencialmente desastrosas para la seguridad nacional, la diplomacia y las relaciones mundiales. *Un ejemplo reciente de ello fueron los ciberataques del grupo Conti y el grupo Hive en Costa Rica en 2022. Varias instituciones del país se vieron afectadas y duraron meses largos para recuperar sus sistemas más críticos. Este ataque aunque fue inicialmente catalogado como "extorción", el presidente electo Rodrigo Chaves, lo declaró un acto de guerra contra el país.

Ataques de ransomware: Los ataques de ransomware se han vuelto cada vez más comunes, con ciberdelincuentes que bloquean los datos de las víctimas antes de exigir un pago a cambio de su liberación. El ransomware puede devastar empresas, gobiernos y particulares por igual: pérdidas financieras, daños a la reputación y responsabilidades legales suelen seguirle de cerca. *Un ejemplo reciente ocurrió en diciembre de 2022, Sobeys, un importante gigante canadiense de la venta minorista de alimentos sufrió un ataque de ransomware que costó a la empresa unos $25 millones de dólares.

Ataques basados en la nube: A medida que más empresas adoptan la computación en nube, los ciberdelincuentes han comenzado a apuntar a estos sistemas y servicios para obtener acceso no autorizado, información o interrumpir las operaciones. Dado que las nubes conectan múltiples servicios, los ataques contra las nubes suelen tener ramificaciones de gran alcance con fuertes repercusiones. No se equivoque pensando que el proveedor de la nube es responsable de su seguridad. Usted es el propietario de los datos que viven en la Nube, lo que significa que es responsable de protegerlos.

Ataques mediante IoT: Con la explosión de dispositivos IoT (Internet de las Cosas) llegan nuevas vulnerabilidades y vectores de ataque que están siendo explotados, abriendo brechas de privacidad a la vez que crean interrupciones de infraestructuras críticas. Los atacantes que utilizan estos vectores han apuntado como objetivos a dispositivos domésticos inteligentes como frigoríficos y aparatos de aire acondicionado, creando vulnerabilidades contra ellos y problemas de seguridad, entre otras cosas. Fuera del entorno laboral también podemos enfrentar estos retos. Cada vez más utilizamos enseres inteligentes, ponemos cámaras con conectividad a la internet y también vemos un aumento significativo con impresoras wifi, equipos bluetooth y sistemas de audios como Alex, Siri, entre otros.

Ataques a la cadena de suministro: Se trata de ataques dirigidos a los proveedores o socios de una empresa para acceder a sus sistemas o datos. Los ataques a la cadena de suministro explotan la confianza entre las organizaciones y sus proveedores. Los atacantes identifican y atacan el eslabón más débil de la cadena de suministro, que puede ser un proveedor con medidas de seguridad inadecuadas, componentes de software o hardware comprometidos o una falta de concienciación en materia de seguridad. Para proteger a la organización, debemos contar con un sólido proceso de gestión de riesgos con nuestros proveedores que incluya la debida diligencia en la selección de estos. Debemos exigirles copia de sus prácticas de seguridad y el seguimiento de su postura de seguridad a lo largo del tiempo.

Comprender los fundamentos de la ciberseguridad

Ahora que conocemos mejor los tipos de ataques utilizados y dónde se concentran la mayoría de las técnicas, veamos qué principios debemos tener en cuenta para proteger nuestro entorno. Comprender los principios de la ciberseguridad es esencial para tomar decisiones sobre qué estrategias, acciones o inversiones podemos gestionar. Como se comentó en el último capítulo, queremos gestionar el acceso a la infraestructura y a los datos que alojamos. Los datos se han convertido en algo tan valioso como el oro, sin embargo, la mayoría de las organizaciones no implementan los controles necesarios para protegerlos. Las políticas de protección de datos son una herramienta vital para una organización. Estas políticas permiten la correcta clasificación de la información para protegerla. Revisemos algunos ejemplos relacionados.

Confidencialidad: Se podría pensar que esto es obvio. La confidencialidad para toda empresa es un factor importante. Por desgracia, hacemos un trabajo increíblemente malo a la hora de proteger los datos *confidenciales* contra el acceso o la divulgación involuntarios. La mayoría de los empleados no han recibido formación para clasificar la información como confidencial, interna o pública. Sin esta clasificación es imposible crear las normativas que regulan el ciclo de vida de los datos. Por ejemplo, quien debe tener acceso, a quien le podemos compartir los mismos, o donde se deben resguardar.

Clasificación de datos: Crear un proceso de gobernanza en torno a la clasificación de los datos es fundamental para protegerlos. Para hacer cumplir esas políticas debemos contar con herramientas que ayuden imponer el proceso de definición. Un ejemplo de estas políticas son etiquetar qué tipo de datos son privados, públicos, sensibles, compartibles u otros. Determinar dónde deben almacenarse estos datos, ya sea en la nube, en las instalaciones locales o el centro de datos alterno de recuperación. Queremos también identificar si estos datos deben ir a cintas de respaldo o si pueden tener movilidad en unidades USB, portátiles o dispositivos de mano. Otro factor que determinar es quién puede leer, escribir o manipular la información.

Con una buena clasificación del dato podemos determinar el ciclo de vida de esos datos luego de su uso. Podríamos también determinen que información debemos enmascarar con fines confidenciales y hasta que punto en el tiempo necesitamos acceso al dato.

Integridad de los datos: La integridad es esencial para mantener una información precisa, fiable y completa. Medidas de protección como las copias de seguridad, las firmas digitales y las sumas de comprobación pueden garantizar que no se produzcan modificaciones, cambios o corrupción indeseados de este recurso crítico. En términos sencillos, la integridad de los datos se refiere a su exactitud, coherencia y fiabilidad a lo largo de su ciclo de vida. Este punto está cobrando aún más peso con la adopción de soluciones de inteligencia artificial. Los datos van a alimentar los ambientes de IA y debe ser limpios, he íntegros para poder optimizar su uso.

Acceso: Garantizar que siempre se pueda acceder a la información y a los sistemas cuando sea necesario. Determinar quién, por qué y cómo se obtiene acceso es necesario para maximizar la productividad y reducir las amenazas. Una de las principales razones por las que los ciberataques se descontrolan es la mala gestión de los controles de acceso. Hay que limitar "dar las llaves del reino" a los usuarios. Los usuarios no necesitan tener acceso a todas partes de su ambiente. Debemos hacer un esfuerzo por limitar las cuentas de dominio o administración.

Autenticación: La autenticación consiste en verificar la identidad de los usuarios, dispositivos o sistemas para evitar accesos no autorizados. Las medidas típicas utilizadas en la autenticación pueden incluir contraseñas seguras, autenticación multifactorial (MFA) o verificaciones biométricas para garantizar que solo las entidades autorizadas accedan a los recursos.

Autorización: La autorización asigna a los usuarios funciones y responsabilidades con permisos de acceso adecuados. Este proceso implica medidas como el control de acceso basado en funciones (RBAC) y la gestión de privilegios para garantizar que los empleados poseen todos los permisos necesarios para desempeñar eficazmente sus responsabilidades laborales.

Todos estos temas de acceso, autenticación y autorización pueden formar parte de una **estrategia de Cero Confianza**. En inglés conocido como "Zero Trust" es un marco de seguridad que asume que todo el tráfico de red ya sea interno o externo, es potencialmente malicioso y debe ser verificado antes de permitirle el acceso a cualquier recurso. Requiere comprobaciones continuas de autenticación y autorización para cada usuario, dispositivo y conexión de red que intente acceder a los recursos. El modelo de cero confianza reduce el riesgo de fugas de datos y amenazas internas limitando el acceso a los datos y recursos sólo a quienes lo necesitan, aplicando una sólida verificación de identidad y supervisando y analizando continuamente la actividad de la red. Muchos manufactureros de equipos o hardware han comenzado a incluir funciones de "cero confianza" de forma nativa.

Seguridad por diseño (SBD): se refiere a la incorporación de prácticas de seguridad en la codificación de nuevo sistemas. Un ejemplo de esto es automatizar procesos del modelado de amenazas y el diseño de la arquitectura desde el principio del desarrollo. Se convierten en una fase mandatorio para diseños de sistemas y aplicaciones. Esto permite minimizar las vulnerabilidades y los riesgos de la manera más eficaz posible previos a salir a producción.

Con mucho de mis clientes en la región del Caribe y Centro América les he estado predicando la importancia de ampliar su práctica DevOps a DevSecOps para hacer de la seguridad una parte fundamental de su proceso de desarrollo.

DevSecOps, es la integración de seguridad en el modelo de desarrollo para aplicaciones o microservicios. Al incorporar la seguridad como una parte integral de la metodología ampliamos la responsabilidad del proceso a todos los participantes de dicho desarrollo.

Evaluaciones de seguridad: Las evaluaciones periódicas de seguridad, como los escaneos de vulnerabilidades y las pruebas de penetración, pueden ayudar a identificar y abordar las debilidades en las medidas de seguridad antes de que los atacantes puedan explotarlas. Las pruebas de penetración es un ejercicio o una simulación por un "hacker ético" para comprobar la eficiencia de su estrategia de seguridad. Esta simulación le provee un análisis de las áreas de mejoras y posible adiestramiento del personal de seguridad. Las pruebas de penetración pueden resultar algo invasivas, pero deberíamos programar al menos una por trimestre para asegurarnos de que estamos preparados ante un posible ataque.

Gestión de riesgos: En el contexto de la seguridad cibernética, es un proceso que tiene como objetivo identificar, analizar, medir y encargarse de los riesgos asociados a la seguridad de la información. Establece controles de forma preventiva contra las amenazas que se puedan encontrar y consigue reducirlas. Estas amenazas podrían ser provocados por errores humanos, por los desastres naturales, o una amenaza externa. Los resultados de una evaluación de riesgos de ciberseguridad deben proporcionar criterios necesarios para identificar, mitigar o eliminar esos riesgos. El análisis también nos ayuda entender si nos faltan destrezas internas y resulte necesario transferir el riesgo a un tercero. Para ser resilientes debemos definir cuál es la tolerancia al riesgo de la organización.

Resiliencia empresarial: Se refiere a la capacidad de una organización para adaptarse y recuperarse rápidamente de interrupciones o desastres que puedan afectar a sus operaciones, servicios o reputación. La resiliencia empresarial también está estrechamente vinculada a la gestión de riesgos, que implica identificar, evaluar y mitigar los riesgos potenciales que podrían afectar a las operaciones de una organización. Al disponer de un marco sólido de gestión de riesgos, las organizaciones pueden prepararse mejor para hacer frente a acontecimientos inesperados y minimizar el impacto en sus operaciones. La mayoría de las organizaciones cuentan con Planes de Continuidad de Negocio o un BCP (por sus siglas en inglés), pero en algunos casos estos no han sido actualizado con contenido en preparación de un incidente cibernético.

Las organizaciones utilizan marcos de seguridad ampliamente reconocidos para establecer y mantener su postura de ciberseguridad; estos son algunos de los más utilizados:

Marco de Ciberseguridad del NIST: El Marco de Ciberseguridad del Instituto Nacional de Estándares y Tecnología (NIST) es un conjunto completo de directrices, mejores prácticas y estándares diseñados para ayudar a las organizaciones a mejorar su postura de ciberseguridad. Es ampliamente utilizado por empresas de todos los tamaños, agencias gubernamentales y proveedores de infraestructuras críticas. Este marco de control me gusta porque simplifica el proceso de adopción en 6 pasos: Gobierno, Identificar, Proteger, Detectar, Responder y Recuperar.

Controles CIS: Los Controles del Centro para la Seguridad en Internet (CIS) son un conjunto de mejores prácticas priorizadas para ayudar a las organizaciones a mejorar su postura de ciberseguridad. Los controles se organizan en tres categorías: Básicos, Fundacionales y Organizativos, y se aplican a organizaciones de todos los tamaños y sectores.

PCI DSS: Payment Card Industry Data Security Standard (PCI DSS) es un conjunto de normas de seguridad diseñadas para proteger los datos de las tarjetas de crédito. Se aplica a todas las organizaciones que aceptan, procesan, almacenan o transmiten datos de tarjetas de crédito.

HIPAA: La Ley de Portabilidad y Responsabilidad del Seguro Médico (HIPAA) es una ley federal de los Estados Unidos que establece normas nacionales para proteger la privacidad y seguridad de la información médica de los pacientes. Se aplica a los proveedores de atención sanitaria, los planes de salud, los centros de intercambio de información y los socios comerciales.

ISO 27001/27002: La Organización Internacional de Normalización (ISO) 27001/27002 es un conjunto de normas reconocidas internacionalmente para la gestión de la seguridad de la información. ISO 27001 es la norma que establece los requisitos para un sistema de gestión de la seguridad de la información (SGSI), mientras que ISO 27002 proporciona las directrices para implantar y mantener un SGSI.

Controles de seguridad críticos de SANS: Los Controles Críticos de Seguridad de SANS Institute son un marco de 20 controles de seguridad diseñados para ayudar a las organizaciones a priorizar sus esfuerzos de ciberseguridad. La intención es proporcionar un conjunto de medidas de seguridad procesables que puedan aplicarse en un orden lógico para protegerse contra las ciber amenazas.

HITRUST CSF o La Alianza para la Confianza en la Información Sanitaria (HITRUST): Marco Común de seguridad de salud. Consiste en un conjunto de controles que se ajustan a diversas normativas y estándares, como HIPAA y HITECH. El CSF de HITRUST pretende proporcionar un marco completo, flexible y escalable para gestionar los riesgos de ciberseguridad en el sector sanitario.

Los marcos de seguridad mencionados nos permiten establecer una estrategia de ciberseguridad sólida donde todos en la organización hablen el mismo lenguaje y se enfoquen en la misma meta. Convirtiendo su empresa u organización en una Resiliente a amenazas cibernéticas.

Invertir en iniciativas de ciberseguridad

Las organizaciones de todos los tamaños y sectores deben invertir en la protección de los activos digitales, los sistemas y las redes, contra las amenazas a la ciberseguridad. Estas amenazas siguen evolucionando y volviéndose cada vez más sofisticadas; debemos asignar los recursos adecuados para ir un paso por delante de los actores maliciosos y al mismo tiempo, salvaguardar las operaciones, los clientes, y las partes interesadas. Cabe destacar que estos actores superan actualmente a nuestros establecimientos. Más de cien variantes de ransomware y miles de organizaciones delictivas intentan socavar los esfuerzos de su organización. Puede resultar abrumador para su equipo de trabajo.

Exploremos el impacto que la inversión en iniciativas de ciberseguridad tiene tanto en los procesos como en las partes interesadas de una organización.

Los incidentes de ciberseguridad pueden costar a las organizaciones importantes pérdidas financieras. En 2020, Steve Morgan escribió un informe especial titulado Cyberwarfare In The C-Suite. En su informe, mencionaba:

"Cybersecurity Ventures espera que los costes mundiales de la ciberdelincuencia crezcan un 15% anual en los próximos cinco años, hasta alcanzar los 10,5 billones de dólares anuales en 2025".

Estas cifras son sorprendentes. Supongamos que nos basamos en el PIB, una medida del rendimiento económico de un país, a modo de comparación; eso supondría la tercera economía más grande del mundo después de Estados Unidos y China.

Tal vez usted se pregunta, ¿dónde debemos invertir porque indudablemente no vamos a comprar todos los juguetes que nos ofrecen? Y siendo totalmente transparente entiendo esa postura 100%.

Al invertir en ciberseguridad, las organizaciones deben equilibrar el riesgo y el coste. Como mencionábamos en el capítulo anterior, determinar cuál es la tolerancia al riesgo, nos ayudará determinar la inversión que debemos hacer. Aunque ningún riesgo puede desaparecer totalmente, las organizaciones deben evaluar las amenazas potenciales que podrían encontrar antes de asignar recursos en función de cuánta exposición pueden tolerar. La inversión en un proceso de Análisis de Impacto en el Negocio (BIA) y Evaluaciones de Riesgo (RA) que incluya la ciberseguridad ayudaran determinar eficazmente los daños financieros asociados con las violaciones de datos o ataques de ransomware.

Para una ciberdefensa activa una empresa resiliente debe tener tres elementos claros: 1. Cual es el impacto a mi negocio, 2. Como puedo mitigar ese impacto, y 3. Como me recupero de un incidente.

El primer punto depende de su industria, ubicación y tipo de datos gestionados. Las organizaciones pueden encontrarse con diferentes requisitos de cumplimiento y regulación en materia de ciberseguridad. Invertir en esfuerzos de cumplimiento, como la adopción de estándares de ciberseguridad específicos a su industria, como PCI-DSS (financieros), HIPAA (la salud) o GDPR (si tienen clientes europeos), podría ayudarlos mitigar sanciones legales como multas por incumplimiento. Tres ejemplos rápidos de posibles sanciones son:

Multas por incumplimiento del RGPD: En virtud del Reglamento General de Protección de Datos (GRPD), las multas pueden alcanzar hasta el 4 % de los ingresos globales anuales de una empresa o $20M de euros, la cantidad que sea mayor.

Multas por incumplimiento de la HIPAA: La Ley de Portabilidad y Responsabilidad del Seguro Médico (HIPAA) puede imponer multas civiles que oscilan entre $100 y $50,000 dólares por infracción, con un máximo de $1,5M de dólares al año.

Multas por incumplimiento de la PCI DSS: La norma de seguridad de datos del sector de las tarjetas de pago (PCI DSS) puede imponer multas de entre $5,000 y $100,000 dólares al mes por incumplimiento, en función del número de transacciones.

El segundo punto de mitigar el impacto lo vamos logrando, creando una cultura consiente de ciberseguridad. Mediante la asignación de recursos y la inversión en programas de educación en ciberseguridad, las empresas pueden reducir significativamente la exposición al riesgo al tiempo que protegen las operaciones.

La pregunta que me suelen hacer los clientes es, ¿cómo obtener el rendimiento de la inversión (ROI)? Y mi respuesta usual es que las inversiones en ciberseguridad pueden medirse a través de factores tangibles e intangibles.

Cabe mencionar que cuantificar el retorno de inversión exacto puede resultar difícil debido a que la ciberseguridad se realiza a través de medidas de mitigación de riesgos y substracción de costes. Las medidas eficaces de ciberseguridad ofrecen numerosas ventajas potenciales que las organizaciones podrían cosechar al adoptarlas; algunos aspectos del retorno de inversión podrían ser:

Mitigación de riesgos: Al adoptar medidas de seguridad sólidas, las organizaciones pueden reducir la probabilidad de que se produzcan filtraciones de datos, interrupciones del sistema, pérdidas financieras, daños a la reputación o responsabilidades legales, lo que se traduce en un ahorro debido a los costes de recuperación evitados, como honorarios legales, multas reglamentarias, compensaciones a clientes, oportunidades de negocio perdidas y otros. Como mencionado en el capítulo uno, el Instituto Ponemon en su reporte anual, *"El Coste de una fuga informática" menciona que las empresas mejor posicionadas a mitigar el riesgo pueden llegar a ahorrar unos $3,81M.

Confianza del cliente final y reputación de la marca: Los ciberataques no solo implican costos directos relacionados con la recuperación de datos y el fortalecimiento de la seguridad, sino que también pueden resultar en pérdidas financieras significativas debido a la disminución de la confianza del cliente y la pérdida de negocio. Según un informe de la *Revista Seguridad 360, se espera que el costo de las violaciones de datos aumente un 23% hasta los $650 dólares por registro en 2022, incluyendo costos de pérdida de negocio y reputación. El coste de reemplazar los datos robados se estima entre $100 y $150 dólares por registro.

Cumplimiento y obligaciones legales: Invertir en acciones que cumplan la normativa específica del sector y las obligaciones legales asociadas puede reportar importantes beneficios. Pueden cuantificarse en términos de multas reglamentarias, responsabilidades legales y daños a la reputación derivados del incumplimiento de los requisitos/leyes pertinentes.

Evitación de costes: Las inversiones en ciberseguridad pueden ayudar a las empresas a reducir los gastos asociados a los incidentes de seguridad tomando medidas proactivas contra las violaciones de datos o la interrupción del sistema, ahorrándose así una suma considerable en gastos de recuperación.

Las empresas que dan prioridad a la ciberseguridad pueden obtener una ventaja frente a sus rivales si hacen hincapié en ella en sus operaciones y adoptan medidas tangibles que lo demuestren. Unas medidas de ciberseguridad sólidas pueden desempeñar un papel fundamental a la hora de conseguir contratos o alianzas de clientes o socios; muchas organizaciones exigen ahora el cumplimiento de estrictas normas de ciberseguridad a los proveedores para conseguir acuerdos o alianzas. Contar con políticas sólidas de ciberseguridad abre las puertas a nuevas oportunidades de negocio.

Las organizaciones que aplican medidas de ciberseguridad adecuadas podrían optar a ***primas de seguro de ciberseguridad*** reducidas. Las aseguradoras de ciberseguridad suelen evaluar la postura de una organización a la hora de fijar las primas; invertir en medidas eficaces podría reducir sustancialmente los costes del seguro. No tomar medidas de protección puede resultar en el impago de la aseguradora si ellos determinan una negligencia en la aplicación de estrategias o políticas de seguridad.

Buenas prácticas en ciberseguridad

A continuación, repasaremos algunas recomendaciones básicas que deberíamos tener en cuenta para reforzar nuestra postura de seguridad. Conocer sus principios básicos y las mejores prácticas es esencial para las personas y las organizaciones que buscan una estrategia de ciberseguridad sólida.

En esta sección, presentamos algunas buenas prácticas de ciberseguridad.

Actualizaciones periódicas y gestión de parches: La razón #1 por la que la mayoría de las organizaciones son pirateadas se debe a la falta de un buen programa de gestión de parches o actualizaciones. Por ejemplo, *ZDNet informó de que una de cada tres violaciones (34%) está causada por vulnerabilidades sin parches. A pesar de los parches disponibles, muchas organizaciones no los aplicaron, lo que provocó brechas que podrían haberse evitado. Mantenerse al día de los parches de software es fundamental para protegerse contra las vulnerabilidades y mitigar los riesgos.

Una forma de mantener un programa saludable de actualización es generando una política de gestión de parches mensuales. Esta política ayuda establecer funciones, procedimientos y directrices para actualizar las vulnerabilidades. Muchas aplicaciones hoy día permiten establecer una prioridad en función de la gravedad de las vulnerabilidades y el impacto potencial en su organización. Esta política podría reproducirse en un ambiente controlado de pruebas y de acuerdo con su éxito podemos automatizar el proceso al resto de la población de equipos. Esta buena práctica consiste en probar los parches en un pequeño grupo de sistemas antes de implantarlos en toda la red. Esto ayuda a identificar problemas de compatibilidad o rendimiento que afectan a otros sistemas o aplicaciones.

La gestión de parches también se aplica a nosotros como individuos en casa. La mayoría de nosotros tenemos dispositivos inteligentes como móviles, televisores, frigoríficos, relojes, tabletas y ordenadores portátiles, por nombrar algunos. Todos estos sistemas requieren actualizaciones periódicas para proteger nuestros hogares.

Contraseñas seguras y autenticación multifactor (MFA): Aplicar políticas de contraseñas seguras y autenticación multifactor puede reducir significativamente el riesgo de acceso no autorizado. ¿Qué es la función multifactor? se puede estar preguntando. Esta función nos permite activar o agregar un segundo método de verificación cuando entramos nuestra contraseña. Un ejemplo, es cuando podemos nuestra clave y la misma le envía un código a su móvil para validar que usted es la persona ingresando al sistema.

Debemos animar a los usuarios a seleccionar contraseñas únicas y seguras para cada cuenta. Las recomendaciones en este frente serían establecer reglas de gobierno para la gestión de contraseñas, por ejemplo, una cantidad de caracteres, longitud, y cambiarlas cada 72 días. Si se implanta la MFA, hay que hacer todo lo posible por utilizar tokens o una aplicación de terceros, para dificultar el acceso a los hackers siendo que este necesita acceso a la contraseña y el código generado para poder perpetrar el sistema.

Lo mismo ocurre con nuestras cuentas privadas. Queremos hacer lo posible para protegerlas y el MFA nos brinda esa capa de protección. Hoy día, por ejemplo, las aplicaciones de instituciones financieras, las cuentas de socios en línea, los correos electrónicos personales y cualquier otro tipo de cuenta en la que sea necesario iniciar sesión nos dan la capacidad de agregar esa segunda validación. Mencionamos la opción de un posible token pero existen métodos biométricos, identificación facial y otros.

Formación sobre concienciación en materia de seguridad: El conocimiento de las mejores prácticas de ciberseguridad y la concienciación sobre las amenazas potenciales son partes integrales de la construcción de una cultura de seguridad. Debe ofrecerse formación rutinaria a todos los usuarios para que comprendan su importancia, identifiquen rápidamente las amenazas y aprendan a responder con eficacia. Algunas organizaciones han adoptado ejercicios regulares de phishing cada cierto tiempo para mantener a los usuarios alerta. Otra gran recomendación seria regalarle a sus compañeros y familiares una copia de este libro para su educación continuo. Este escritor estaría muy agradecido por ese gesto 😊.

Copias de seguridad periódicas: Las copias de seguridad periódicas de datos son vitales para responder rápido y adecuadamente a incidentes de ciberseguridad o pérdidas de datos. Todas las copias de seguridad creadas deben almacenarse *fuera del sitio principal de forma segura*. La capacidad de restaurar la copia segura debe evaluarse regularmente en caso de una violación de datos o fallo del sistema. Los piratas informáticos saben que su organización se va a restaurar a partir de las copias de seguridad, lo que las hace vulnerables y objetivos principales de sus ataques. Se recomienda disponer de una bóveda de ciberseguridad aislada y separada físicamente del entorno de producción. Una bóveda de datos de ciberseguridad proporciona un entorno seguro para almacenar y gestionar información sensible o crítica, reduciendo el riesgo de violación de datos y de acceso no autorizado. También ayuda a garantizar que la información crítica sea fácilmente accesible durante un incidente de seguridad, lo que permite una respuesta rápida y minimiza el impacto de cualquier posible violación.

En mi caso personal yo he optado por tener múltiples copias de mis respaldos. Algunos están en la nube privada y otros en sistemas fuera de línea como un disco duro externo. En caso de un incidente tengo varias fuentes de las cuales recuperarme.

Microsegmentación: Si recordamos nuestro ejemplo en la introducción, queremos limitar el acceso del espía, al crear accesos por cada piso de un edificio le dificultamos que llegue a su objetivo. En este caso la microsegmentación es justo eso. Es la capacidad de establecer controles de acceso para cada segmento o área de la red, lo que proporciona una capa adicional de protección contra el movimiento lateral de los atacantes. La microsegmentación ayudaría mitigar el impacto de un incidente a solo ciertas zonas del ambiente informático. La adopción es sencilla y puede aplicarse utilizando diversas tecnologías, como la virtualización de redes, las redes definidas por software (SDN) y los cortafuegos de nueva generación (NGFW).

Cifrado: Debemos proteger los datos sensibles durante su transmisión y almacenamiento. Esto lo podemos lograr con tecnologías de cifrado como SSL/TLS para la transmisión de datos en tránsito o el cifrado de discos completos. Se pueden también cifrar lo que se llaman datos en reposo que usualmente se guardan para referencias futuras. Las organizaciones deben implantar estas tecnologías, ayudando proteger la información creada o recopilada de sus clientes. Si un hacker o pirata informático logra obtener acceso a los datos no podrían violentarlos sin la llave que "abre" el cifrado que hemos fijado de protección.

Detección y respuesta a incidentes: La implantación de mecanismos eficaces de detección y respuesta a incidentes, como los sistemas de gestión de eventos e información de seguridad (SIEM), es clave para reconocer y responder rápidamente a los incidentes de ciberseguridad dentro de una organización, lo que incluye la supervisión de actividades sospechosas, el análisis de registros en busca de indicios de posibles amenazas y la adopción de medidas adecuadas para aminorar sus efectos.

El endurecimiento de la infraestructura o también llamado **Hardening**, es vitalmente esencial por múltiples razones.

Endurecer (Hardening en inglés) su infraestructura implica añadir múltiples capas de controles de seguridad como cortafuegos, sistemas de detección de intrusos, cifrado y controles de acceso para crear una estrategia de "defensa eficaz en profundidad" que impida a los atacantes entrar sin autorización. En este caso nos referimos a proteger los activos físicos como sería una portátil, una computadora de escritorio, almacenamiento, sistemas de respaldos o servidores, entre otros equipos.

Los ciber atacantes buscan constantemente vulnerabilidades que puedan explotar dentro de los sistemas y redes. Sin embargo, al endurecer su infraestructura, puede reforzar sus defensas haciendo que su sistema o redes sean menos susceptible a los intentos de intrusión y disminuyendo las posibilidades de éxito de los intentos de infiltración.

Hacemos el mayor esfuerzo por evitar una vulneración pero idealmente queremos estar preparados para el peor escenario. Como mencionábamos al principio, estamos luchando en una guerra que nos supera en número y las probabilidades que nos vulneren es muy alta.

Queremos desarrollar un plan de respuesta a incidentes en el que se describan todas las medidas necesarias que deben tomarse en caso de una violación al ambiente o un ataque. Este plan de respuesta a incidentes debe incluir las funciones y responsabilidades de los miembros del equipo, los protocolos de comunicación y las medidas adoptadas para mitigar sus efectos. Se deben realizarse simulacros o pruebas periódicas de este plan de respuesta a incidentes para medir su eficacia. Establezca mecanismos claros de notificación y respuesta a incidentes en su organización. Hagamos a todos dentro de la organización parte del esfuerzo de notificación. Animen a los empleados a notificar rápidamente cualquier sospecha de incidente de seguridad con un procedimiento completo de comunicación. Este procedimiento puede incluirse dentro de su plan de manejo de crisis. Estos mecanismos van a lograr minimizar el posible impacto del ciberataque.

Las organizaciones ***deben dar prioridad a la seguridad de la cadena de suministro,*** considerando que los proveedores y socios externos pueden presentar vulnerabilidades potenciales que puedan extenderse a nuestros ambientes si no se tiene unos controles definidos. Asegurarse de que cumplen las normas y prácticas de ciberseguridad adecuadas y realizar evaluaciones periódicas ayuda a minimizar los riesgos de la cadena de suministro. Un reciente artículo de *Forbes llamaba la atención sobre el hecho de que el aumento del trabajo a distancia ha provocado un repunte de los ciberataques: *"La oleada de adopción digital, exacerbada por la pandemia y el aumento del trabajo a distancia, ha provocado un repunte de los ciberataques. Por ejemplo, el volumen interanual de ataques de ransomware aumentó un 158% en Norteamérica durante 2020, y luego se disparó hasta el 180% en el segundo trimestre de 2021.*

Tanto los gobiernos como los sectores comerciales se han dado cuenta del inmenso riesgo que corren las cadenas de suministro mundiales y también de la escasa visibilidad que muchos tienen de los niveles de seguridad y garantía. La visibilidad en toda la cadena de suministro se ha vuelto crítica, sobre todo entre proveedores y operadores-clientes".

Los puntos claves de este capítulo son: Comprender los principios fundamentales y las mejores prácticas de la ciberseguridad. Lograr dominar estos temas nos va a permitir protegernos de una forma más eficaz.

La confidencialidad, la integridad, la disponibilidad, la autenticación y la autorización deben constituir las piedras angulares de proteger los activos digitales de posibles peligros.

Un punto importante para revisar ahora es el eslabón más débil en la cadena: los seres humanos.

Capítulo 4: El elemento humano

Los seres humanos desempeñan un papel indispensable en la ciberseguridad moderna. Aunque la tecnología avanza y se mejoran las medidas de seguridad, los humanos siguen siendo el eslabón más débil de las ciber amenazas, desde errores involuntarios y negligencias hasta falta de concienciación o intenciones maliciosas. A continuación, analizaremos diversas acciones o comportamientos humanos que plantean amenazas a la ciberseguridad y las estrategias para reconocerlas y mitigarlas. Algunos estudios sugieren que el error humano es común en muchos ataques de ransomware.

Un estudio del *2020 de IBM descubrió que el 95% de los incidentes de ciberseguridad implican errores humanos, como hacer clic en un enlace malicioso o caer en una estafa de phishing. Otro estudio realizado por *Verizon en 2021 descubrió que el error humano fue un factor en el 85 % de los ataques de ransomware que tuvieron éxito.

Estos estudios sugieren que, aunque los atacantes de ransomware pueden utilizar técnicas y herramientas sofisticadas para acceder a una red, el error humano puede facilitarles el éxito. Esto pone de relieve la importancia de la formación en ciberseguridad y la aplicación de prácticas de seguridad sólidas para evitar que un error humano conduzca a un ataque de ransomware.

Modelo psicodinámico

La teoría psicodinámica proporciona un marco psicológico examinando cómo los pensamientos inconscientes, las emociones y las experiencias vitales tempranas conforman la personalidad, el comportamiento y el bienestar mental de un individuo. Sí, la ciencia puede ser una herramienta valiosa para protegerse de los ciberataques.

El comportamiento humano es esencial en ciberseguridad; comprender su psicología es aún más crítico. Los ciberdelincuentes se aprovechan de rasgos humanos como la curiosidad, la impulsividad y la confianza para entrar sin autorización en los sistemas o robar datos sensibles para atacarlos. Además, prejuicios como el sesgo de confirmación, la ingeniería social o el exceso de confianza en la tecnología pueden crear vulnerabilidades y comprometer las defensas.

En el ámbito de la ciberseguridad, el modelo psicodinámico puede ayudarnos a comprender por qué las personas pueden adoptar comportamientos arriesgados o negligentes en materia de seguridad. Por ejemplo, los empleados pueden no seguir los protocolos de seguridad establecidos porque se sienten abrumados o ansiosos por su carga de trabajo, o pueden intentar impresionar a su jefe completando las tareas más rápido de lo que deberían.

Las organizaciones pueden desarrollar estrategias de formación y comunicación más eficaces para animar a los empleados a dar prioridad a la ciberseguridad y evitar comportamientos de riesgo mediante la comprensión de las motivaciones psicológicas subyacentes a estos comportamientos. El modelo psicodinámico también puede ayudar a identificar a los individuos más susceptibles a las tácticas de ingeniería social u otras formas de manipulación y desarrollar estrategias específicas para reducir estas vulnerabilidades.

En estas estrategias y programación de formación de los empleados el departamento de Recursos Humanos juega un papel protagónico.

Los riesgos de ciberseguridad centrados en el ser humano

Los riesgos de ciberseguridad centrados en el ser humano pueden tener varios escenarios, algunos intencionados y otros atribuidos a un fallo en la comprensión de nuestras acciones cuando interactuamos con personas, tecnologías o procesos.

¿Existe la posibilidad de una amenaza interna en su organización? Reconocer las señales de posibles amenazas internas -como cambios en los patrones de comportamiento, accesos no autorizados o solicitudes de datos no tradicionales- nos ayudan a mitigar los riesgos causados por ellas.

Un riesgo potencial podrían ser los ataques de ingeniería social que implican coaccionar a las personas para que revelen información sensible o comprometan la seguridad, como divulgar las credenciales de inicio de sesión. Estos intentos adoptan muchas formas, como phishing, spear-phishing, pretextos y cebo. Ayudar a los empleados a examinar los indicios de ataques de ingeniería social similares a solicitudes de datos no autorizados o llamadas telefónicas no típicas o correos electrónicos sospechosos; es fundamental para protegerse contra las filtraciones de datos o los accesos no autorizados. Como decíamos antes, podemos detectar estos posibles intentos con programas de concienciación de los usuarios, informando de los incidentes y documentando cómo gestionarlos.

Hemos tenido la oportunidad de trabajar con organizaciones para desarrollar un programa integral que combina diferentes técnicas con vídeos de formación y pruebas para validar si pueden detectar patrones o solicitudes falsas. A medida que los usuarios progresan, aumentamos el nivel del contenido con archivos adjuntos, solicitudes de cambio de contraseña u otros. El objetivo final es ayudar a los empleados a desarrollar el hábito de prestar atención a los detalles e informar de cualquier posible hallazgo.

Por supuesto, también tenemos los errores involuntarios de los usuarios humanos, como las configuraciones erróneas, las contraseñas débiles o las fugas accidentales de datos, que pueden dar lugar a brechas de seguridad.

Un ejemplo personal en mi vida es mi esposa. Es muy probable que no esté contenta de usarla como ejemplo, pero creo que todos vivimos esto en casa. Ella nunca recuerda sus contraseñas. Habitualmente escribía sus contraseñas en notas adhesivas o en un cuaderno de escritorio, dejándolas a la vista de cualquiera. Trabajamos en el desarrollo de algunas técnicas para mantenerlas complejas sin necesidad de escribirlas. Pensé que esto resolvería el problema. Pero como la mayoría de nosotros hemos hecho en algún momento, ella se dio cuenta de que utilizar las funciones de autocompletar formularios sería "más fácil para ella", su proceso de pensamiento era que esto era más sencillo y no mal intencionado. No se dio cuenta del peligro que esto podía suponer si perdía su portátil o si alguien pirateaba su sistema. Si resulta ese siendo el caso, el pirata iba tener acceso a todas sus cuentas en línea.

De igual forma las organizaciones deben revisar y educar constantemente a los compañeros de trabajo para evitar estos percances.

El caso de *Solarwinds es un ejemplo reciente que vincula la información que venimos discutiendo a lo largo de varios capítulos. Si recordamos el ejemplo del espía de la introducción, los hackers utilizan múltiples tácticas para alcanzar sus objetivos y en este ejemplo se vivió justamente eso. Repasemos este incidente:

En diciembre de 2020, se descubrió un ciberataque extremadamente sofisticado dirigido a SolarWinds, un proveedor de software mundialmente conocido y de confianza. Los atacantes comprometieron los procesos de desarrollo de software de SolarWinds insertando código malicioso de puerta trasera en las actualizaciones de la aplicación. Cuando SolarWinds envió la actualización a sus clientes, el programa maligno se activó y termino afectando a miles de clientes de SolarWinds, incluidos organismos gubernamentales y grandes empresas (comprometiendo la *cadena de suministro*).

Durante este ataque a SolarWinds se utilizaron *técnicas de ingeniería social* para acceder a sus sistemas internos. Los atacantes utilizaron correos electrónicos *de spear-phishing* dirigidos a los empleados de SolarWinds que parecían mensajes legítimos, pero contenían enlaces o archivos adjuntos con programa maligno, al abrirlos o hacer clic en ellos, instalaban o habilitaban puertas traseras en los ordenadores de los empleados, lo que permitía a los atacantes entrar en la red y finalmente comprometer su proceso de actualización de software.

Explotando la *confianza y las vulnerabilidades de los objetivos humanos*, los atacantes se infiltraron con éxito en la cadena de suministro de SolarWinds y comprometieron la integridad de su software. Este ataque subraya la importancia de la formación de los empleados para reconocer y contrarrestar las tácticas de ingeniería social. He incluido las ligas de las referencias al final del libro. Recomiendo que lean y estudien este caso.

Los ataques de ingeniería social adoptan muchas formas, desde el envío de correos electrónicos fraudulentos o llamadas telefónicas que dicen proceder de personas u organizaciones. Se hacen pasar por personas de confianza mostrándose como figuras de autoridad. Los ingenieros sociales explotan *la psicología humana* manipulando a las personas para que divulguen datos confidenciales o faciliten accesos no autorizados que beneficien a los atacantes.

Evaluación de los riesgos centrados en el ser humano

Hasta ahora, nos hemos referido a la importancia de desarrollar programas de concienciación para ayudar a minimizar el riesgo. Examinemos ahora las estrategias que van más allá de la mera concienciación. La creación de salvaguardas añade capas adicionales a nuestra estrategia de seguridad. Varias de las que se pueden incluir son:

Gestión de Acceso y Mínimo Privilegio (RMLP): Implantación de fuertes controles de gestión de acceso basado en roles (RBAC) y el principio de mínimo privilegio (POLP). Estos controles podrían o deberían formar parte de la estrategia de Cero Confianza, englobando estos controles en una práctica más generalizada para las organizaciones. Buscamos disminuir significativamente las amenazas internas al restringir el acceso innecesario y autorizar únicamente las funciones necesarias para el desempeño del trabajo.

Gestión de identidades: La gestión de identidades dentro de la organización debe incluir la limitación del acceso y la gestión de sus cuentas. Una práctica sencilla y excelente consiste en actualizar continuamente las cuentas de usuario. Algunos ejemplos son los empleados que se han trasladado a nuevos puestos, en cuyo caso deberían desplegarse nuevos accesos actualizados a la vez que eliminamos acceso a sistemas o áreas que no van con su role/responsabilidad. Si los empleados son despedidos de la organización, deberíamos eliminar sus cuentas. Las cuentas abiertas para proveedores también deberían tener un acceso limitado y eliminarse una vez ejecutados los servicios.

Sobre este tema, recuerdo vívidamente a un cliente a mediados de la década de los 2000 con oficinas en el Caribe que había despedido a un administrador de sistemas del departamento de tecnología debido a una reducción de plantilla. Como se pueden imaginar, este exempleado no estaba contento con que le despidieran. Esta persona sabía que la empresa no actualizaba regularmente las cuentas y privilegios de los usuarios. Como "venganza", una noche decidió conectarse remotamente a sus sistemas y borrar todo el Directorio Activo, lo que costó miles de dólares en tiempo de inactividad y reparación de los daños. Fue un tema totalmente controlable si tenemos una buena estrategia de manejos de identidad corporativa.

Respuesta y notificación de incidentes: Es fundamental animar a los empleados a informar rápidamente de las actividades sospechosas; la creación de un esquema de respuesta a incidentes puede acelerar las respuestas que ayudan a contener las brechas de seguridad con prontitud y eficacia. En el capitulo anterior conversamos de la importancia de análisis de impacto al negocio (BIA), este análisis hoy día debe incluir lo que se conoce como un Ciber BIA. Esto nos va ayudar a su vez con el esquema de manejo de incidentes: determinar la criticidad, proveer los controles de comunicación y los pasos de contener dicho incidente.

Mi experiencia trabajando con clientes es que poseen las herramientas para gestionar y administrar estas salvaguardas, pero no cuentan con una estrategia sólida de gestión de activos. Quiero animarlos a que hablen con sus proveedores sobre qué herramientas o funciones tienen integradas en sus productos adquiridos que no se estén utilizando actualmente para automatizar procesos y proteger su entorno al tiempo que reducen costes.

La evaluación de los activos críticos es un paso previo a la definición de los accesos y permisos de control, la protección y la elaboración de informes sobre ellos. Cuando logramos identificar estos activos es más sencillo protegerlos.

Capítulo 5: Construir una defensa sólida

En este capítulo, estudiaremos mecanismos o herramientas de defensa eficaces contra los ataques de los piratas informáticos. Vamos a tocar algunos aspectos que son técnicos pero de mucha importancia para poder definir a donde queremos como organización invertir.

El primer paso en este proceso es dividir la defensa en tres áreas: Infraestructura (acceso a ella y lo que se ejecuta en ella), Dispositivos (cuando son gestionados por la organización o proporcionan acceso a ellos) y por último el aspecto más crítico la protección de los datos.

Seguridad de las infraestructuras

Desde un punto de vista físico, hay que proteger el centro de datos con videovigilancia, acceso biométrico, redundancia en todos los componentes y controles de acceso a todos los sistemas. Algunos de mis clientes incluso utilizan llaves para acceder a los armarios o racks. Son medidas sencillas y fáciles de aplicar para evitar accesos no deseados a nuestro entorno.

Ahora bien, cuando queremos profundizar en el sentido lógico de la arquitectura, les menciono algunos ejemplos útiles. Haremos algunas recomendaciones técnicas. Es importante señalar que no es necesario aplicarlas todas. Aquí las más recomendadas:

Sistemas de detección y prevención de intrusiones (IDPS): Los IDPS son herramientas de seguridad que detectan y bloquean patrones de tráfico de red sospechosos, anomalías o firmas de ataque conocidas. Aunque es posible que no detecten todos los ataques de día cero, pueden ayudar a identificar técnicas de ataque conocidas o comportamientos asociados a ataques de día cero. Un ataque de día cero es un tipo de ciberataque que explota una vulnerabilidad previamente desconocida en software, hardware, o firmware.

La segmentación de la red: consiste en dividir la red de una organización en segmentos más pequeños y aislados para reducir las posibles brechas de seguridad. Podría evitar las repercusiones negativas de los ciberdelitos o el éxito de los atacantes, limitando el movimiento lateral de los delincuentes. Este aislamiento impide nuevas acciones delictivas al tiempo que mitiga los daños sufridos en caso de que un asalto se produzca con éxito. Estas segmentaciones pueden crearse en la nube, en su entorno virtual o físico.

El cortafuegos de nueva generación (NGFW): es un dispositivo avanzado de seguridad de redes que combina las capacidades tradicionales de los cortafuegos con características y funcionalidades adicionales para ofrecer una mayor seguridad y protección frente a las amenazas. Las versiones de nueva generación incluyen IA para detectar anomalías de forma más rápido y tienen la capacidad de tomar acciones inteligentes para identificar mejor y bloquear amenazas sofisticadas. Algunos proveedores incluyen funciones como el discernimiento de las aplicaciones, inspección profunda de paquetes, inteligencia avanzada sobre amenazas e informes centralizados.

Redes privadas virtuales (VPN): Las organizaciones pueden utilizar VPN para enlazar usuarios u oficinas remotas a través de Internet con la red de su organización, utilizando protocolos de cifrado fuertes para la transmisión de datos. La VPN puede reforzarse añadiendo una capa de autenticación mediante la implantación de la autenticación multifactor (MFA), que puede funcionar con un token añadiendo una capa adicional de seguridad más allá del nombre de usuario y la contraseña.

El control de acceso a la red (NAC): ayuda a proteger el entorno aplicando políticas de seguridad y controlando el acceso a una red. Garantiza que sólo se conceda acceso a los dispositivos y usuarios autorizados, al tiempo que bloquea o restringe el acceso de dispositivos no autorizados o no conformes. Una característica que realmente me gusta de NAC es la capacidad de hacer cumplir o remediar los sistemas. Las soluciones NAC pueden tomar medidas automatizadas para hacer cumplir las políticas de seguridad y remediar los dispositivos no conformes. Podemos enviar el dispositivo o sistema a una zona de cuarentena para actualizarlo y hacerlo entrar en cumplimiento. Si no logramos entrar el sistema en cumplimiento podemos bloquear el dispositivo hasta que podamos remediarlo. Se mantiene un buen control activando la función de notificación a los administradores o equipos de seguridad para mitigar los riesgos potenciales.

Como referencia existen otras soluciones más avanzadas como lo son los tokens, Cero Confianza Acceso a red (ZTNA), Certificados digitales y algunos otros. Todas estas herramientas nos permiten añadir capas de seguridad.

Un ejemplo de esto es la forma que protegemos nuestro hogar. Podemos tener un pestillo en las puertas y ventanas. Pero si no nos sentimos seguros podemos aumentar esa seguridad con portones, cámaras, alarmas de acceso y algunos otros. Cada uno de estos añaden más capas de protección que fortalecen la seguridad del hogar.

Hay toda una serie de soluciones en el mercado; no las hemos incluido todas para que esto sea sencillo y directo. Te recomiendo que hables con los proveedores locales de seguridad sobre qué otras funciones o soluciones podrían ofrecer una forma de reforzar tus entornos de infraestructura.

Seguridad de los dispositivos

Los sistemas o equipos que están en el perímetro (fuera de su centro de datos) son los más vulnerables a un posible ataque. Estos equipos pueden ser portátiles, ordenadores de sobremesa, servidores y teléfonos móviles para nombrar algunos. He aquí algunas buenas prácticas para protegerlos:

Autenticación fuerte: En el capítulo anterior mencionamos la posibilidad de aplicar un factor de autenticación más robusto como sería el MFA o multifactor. La MFA consiste en crear contraseñas sólidas y añadir datos biométricos, tokens o tarjetas inteligentes como factores de autenticación adicionales para mayor seguridad.

Protección por cortafuegos: Habilite el cortafuegos integrado (la mayoría de los dispositivos proporcionan productos cortafuegos integrados). Esto permite supervisar y controlar el tráfico de red entrante y saliente de los mismos. Los cortafuegos actúan como barrera entre tu dispositivo y las posibles amenazas.

La gestión de dispositivos móviles (MDM): La práctica de gestión de activos tiene un protagonismo en la seguridad. Hoy día como consecuencia de un mundo más interconectado y la capacidad de trabajar desde cualquier parte del mundo, nos aumenta los retos de gestión. Queremos extender a través de la gestión la capacidad de proteger los dispositivos de la organización, como smartphones y tabletas. Una de las funciones que recomiendo es el seguimiento o la geolocalización de los dispositivos. Los administradores pueden localizar los dispositivos, activar alarmas sonoras, o bloquear el activo, al igual que la capacidad de borrar datos a distancia para impedir el acceso no autorizado.

Cifrado de dispositivos: El cifrado de los dispositivos que almacenan información confidencial puede proporcionar tranquilidad en caso de que se produzca una pérdida o un robo.

Como mencionado en capítulos anteriores un equipo cifrado requiere de una llave para acceder la data. Protegiendo los datos.

El antivirus de nueva generación (NGAV): utiliza una combinación de inteligencia artificial, detección de comportamientos, algoritmos de aprendizaje automático y mitigación de 'exploits' para poder anticiparse a las amenazas conocidas y desconocidas y prevenirlas de inmediato.

Extended Detection Response (XDR): es una solución avanzada de ciber protección que abarca toda la infraestructura, no solo los 'endpoints', identificando tendencias y localizando amenazas en redes, sistemas en la nube y sistemas de correo electrónico. XDR es un complemento esencial de NGAV. XDR busca proactivamente las amenazas y puede responder automáticamente a ellas o proporcionar a los analistas de seguridad información procesable que pueden utilizar para contener la amenaza. XDR también proporciona acceso a una gran cantidad de datos forenses sobre dispositivos que han sido afectados en un incidente, lo que permite a los equipos de seguridad saber qué ha ocurrido y cómo contrarrestar la amenaza a futuro.

Una vez más, esta no es una lista completa de las posibles herramientas que existen en el mercado para proteger sus dispositivos, pero incluimos las que son fáciles y rápidas de implementar. Algunos proveedores ofrecen soluciones integradas en el BIOS de sus sistemas para endurecer el dispositivo, soluciones de cifrados, protecciones biométricas y otras.

Seguridad de los datos

El foco principal de una organización debe ser proteger los datos. En la mayoría de los casos la razón de un ciber ataque es para obtener acceso de dichos datos y poder venderlos en la internet oscura. Presentamos algunas consideraciones claves cuando se trata de la protección de datos:

Cifrado de datos: Proteger los datos confidenciales durante el tránsito y en reposo con tecnologías de cifrado como SSL/TLS. Estos cifrados los protegen cuando están en transmisión. También se pueden proteger con estándares AES/RSA para el almacenamiento. Sin mucho esfuerzo o experiencia técnica estas soluciones ayudan proteger el activo más importante de la organización.

Copia de seguridad y restauración de datos: La práctica en el mercado cuando tenemos un incidente es ir al respaldo para recuperarnos. Lastimosamente los hackers están anuentes que vamos a buscar de los respaldos y lo primero que atacan o comprometen es el ambiente de respaldo. Dejándonos con pocas opciones de recuperación y obligando a la empresa a pagar el rescate.

Bajo esta premisa, las organizaciones deben desarrollar una estrategia de copias de seguridad externas del ambiente productivo. En lo posible deben estar fuera de línea para minimizar que sean comprometidos y garantizar la restauración de los datos. Se recomienda que si su entorno de recuperación de desastres o su ambiente de respaldo está conectado continuamente a su producción, también puede verse comprometido.

Nos toca entonces jugar un paso adelante al hacker y considerar una bóveda de aislamiento. Esta "bóveda aislada" es donde vamos a guardar las aplicaciones y los datos más críticos de la organización. Y en la eventualidad de un incidente al ambiente productivo podemos activar las funciones de la bóveda continuando con nuestras operaciones mientras restauramos el ambiente productivo.

Prevención de pérdida de datos (DLP): Las soluciones DLP ayudan a las organizaciones a evitar la fuga de datos mediante la supervisión de cómo viaja la información sensible a través de redes, dispositivos y aplicaciones. Las empresas deben promulgar políticas de DLP para que se detecte cualquier acceso no autorizado a datos sensibles, se apliquen bloqueos de transmisión si procede, se almacenen de forma segura cuando proceda y se apliquen las políticas pertinentes para mantener su protección. Algunos ejemplos de datos que debemos proteger podrían ser los números de tarjetas de crédito, o información identificable como números de licencia o fechas de cumpleaños.

Controles de acceso a los datos: Las organizaciones deben implementar controles de acceso robustos para prevenir el acceso injustificado a datos sensibles incluyendo controles basados en roles. Estos controles determinan los permisos y privilegios basados en el trabajo y responsabilidades del empleado o contratista. Estos controles deben revisarse regularmente para que se ordenen con las necesidades actuales del negocio.

Considere si su organización debe cumplir con las regulaciones de privacidad de datos como GDPR, HIPAA y CCPA. Bajo estas regulaciones la institución debe crear los controles adecuados - esto podría implicar obtener permiso explícito antes de recopilar, utilizar y compartir datos personales y utilizar técnicas de seudonimización que los protejan.

Supervisión y auditoría de datos: La aplicación de medidas de supervisión y auditoría de datos permite a las organizaciones detectar violaciones o actividades sospechosas y responder en consecuencia con rapidez. Deben implantarse mecanismos de registro para supervisar el acceso, los cambios y las transferencias, al tiempo que se realizan auditorías periódicas para detectar agujeros de seguridad en la base de datos de una organización.

Puntos clave de este capítulo: Una ciberdefensa eficaz requiere un *enfoque integrado* que proteja las redes, los dispositivos y los datos. Queremos formar a los empleados en las prácticas de seguridad adecuadas. No aplicar un enfoque integrado equivaldría a asegurar la puerta principal de nuestra casa con cámaras y cerraduras. Mientras se deja la puerta trasera abierta a la entrada con acceso directo al hogar.

Capítulo 6: Mantener un estilo de vida digital saludable

Mantener una buena higiene cibernética en el mundo digital actual es vital para protegerse a sí mismo y a sus activos digitales de las amenazas que plantean los ciberdelincuentes. Del mismo modo que mantener la higiene física es fundamental para la salud, también debe observarse en línea. Este capítulo explora las mejores prácticas para mantener una vida digital saludable y salvaguardar la presencia digital. Tocamos puntos que son mayormente dirigidos a corporaciones, pero pueden ser aplicables al plano personal.

Conducta segura en Internet

Nuestro comportamiento en línea y la información que compartimos desempeñan un papel esencial en la ciberdefensa. Ser consciente de las amenazas potenciales y seguir prácticas seguras en línea es de vital importancia.

Tenga cuidado al compartir datos personales en Internet, como números de la seguridad social o detalles financieros. Comparta información sensible sólo cuando sea necesario. Cuando rellene formularios en línea, asegúrese de que se trata de sitios web de confianza. Compruebe que la opción de autorrelleno de su navegador no está activada para minimizar el riesgo de que alguien acceda a sus datos.

Mostremos cuidado con lo que compartimos en las redes sociales. Queremos configurar nuestra privacidad en línea para restringir quién puede ver los datos personales. Las publicaciones en línea pueden tener consecuencias a largo plazo para tu reputación y privacidad si se comparten de forma irresponsable.

Las redes sociales son para compartir, pero nos exponen a grandes peligros también. Sin darnos cuenta tendemos a 'sobre compartir' información que puede ser utilizada en nuestro contra. Los hackers recopilan todo tipo de información como números telefónicos, fechas de cumpleaños, el nombre de su mascota, donde vive, información de su rutina diaria, si estamos de viaje, donde estudió, y otros detalles que compartimos libremente. Esta información puede ser usada para engañarnos con tretas de suplantación de identidad.

Quizás esto le parezca un tanto dramático, pero consideremos un ejemplo sencillo para ilustrarlo…

Está sentado en un café, un lugar que ha mencionado frecuentemente en sus redes sociales como su destino habitual de los sábados. Se le acerca un individuo que lo llama por su nombre. Usted no lo reconoce, pero él insiste: "Soy Miguel, del tercer año, estudiamos juntos". Luego menciona el colegio donde usted asistió. Normalmente, sentimos vergüenza por no recordar a esa persona, y nuestra reacción natural es atribuirlo a un problema de memoria. Este individuo comienza a preguntar por sus hijos o su mascota, llamándolos por sus nombres. Ahora usted se siente aún más avergonzado, preguntándose cómo es posible que haya olvidado a este "amigo". Entonces, se sientan a conversar sobre viejos tiempos.

Este ejemplo, que ocurre a diario, es un claro caso de ingeniería social (consulte el próximo capítulo para más detalles sobre este tema). 'Miguel' obtuvo toda la información de sus redes sociales: dónde estudió, el año en que nació, el nombre de sus hijos y cualquier otro dato relevante que le permitiera fingir una conexión personal. Utilizó su vergüenza por 'no recordar' para iniciar una conversación. A partir de ese momento, usted ya está en su radar. Con dos o tres encuentros más, podría obtener toda la información necesaria para robar su identidad o hackear sus cuentas de redes sociales, bancarias o de otro tipo. Lo más preocupante es que usted mismo le proporcionó toda esa información sin mucho esfuerzo.

Del mismo modo que evaluarías cuidadosamente antes de cruzar un callejón oscuro por la noche, debemos aplicar el mismo nivel de prudencia y discernimiento al navegar por internet. Cada vez son más las tretas de suplantación de identidad en línea que parecen legítimos. Los piratas informáticos intentan engañarle para que facilite credenciales personales y haga clic a sitios web.

Una recomendación técnica que les puede asistir son los NGAV (los antivirus de nueva generación) que ofrecen funciones como "pay guard" que añaden una capa de protección en sus navegadores. Cuando nos toque hacer una compra en línea esta función protege nuestros datos haciendo validación del proveedor. Les recomiendo encarecidamente que eché un vistazo a estas funciones y las activé si es posible.

El *sentido común* es crucial para evitar caer en trampas y hacer clic en contenidos desconocidos. Ningún abogado o familiar legítimo intentará contactarlo por correo electrónico para entregarle una herencia millonaria. Es improbable que haya ganado un concurso en el que no se inscribió. Los estafadores están obteniendo miles de millones de dólares explotando el deseo de muchas personas de hacerse ricas rápidamente.

Educar a su familia y a sus hijos en materia de ciberseguridad debe ser una responsabilidad compartida entre los miembros de la familia. Los niños y los adultos de su unidad familiar deben recibir instrucciones adecuadas sobre ciberseguridad. Ayude a sus hijos a comprender la privacidad en línea, los riesgos de compartir datos personales y la necesidad de mantener seguras las contraseñas. Fomente el diálogo abierto entre los miembros de la familia sobre las actividades en línea y los posibles problemas de ciberseguridad. Sus hijos necesitan una educación sobre ciberseguridad adecuada a su edad, que incluya la identificación y denuncia del ciberacoso, el reconocimiento de los intentos de suplantación de identidad y la protección de las cuentas en línea.

La mayoría de los proveedores de Internet ofrecen servicios de control parental con sus ofertas. Estos servicios ayudan a controlar lo que ven los niños en Internet y cuántas horas pasan, y pueden bloquearles el acceso a contenidos para adultos.

Como individuos, debemos estar al día de las ciber amenazas. Podemos contribuir a que nuestras familias, organizaciones y comunidad estén a salvo de estas amenazas.

Las ciber amenazas cambian constantemente, por lo que es necesario mantenerse alerta y protegerse contra ellas.

Manténgase informado suscribiéndose a medios de comunicación, blogs y sitios web fiables sobre ciberseguridad para estar al tanto de las nuevas ciber amenazas, tendencias, mejores prácticas y actualizaciones de noticias sobre ciberseguridad.

Esté atento a las actualizaciones de seguridad disponibles para sus dispositivos y software, y aplíquelas con prontitud. Los dispositivos inteligentes de casa pueden ser pirateados. Manténgalos actualizados con el firmware más reciente para protegerlos.

Es vital mantenerse informado sobre posibles fraudes o fallos de seguridad en su ámbito financiero. De este modo, cualquier actividad sospechosa o problema de seguridad en sus finanzas podrá detectarse rápidamente y abordarse con prontitud.

Participe en los programas de concienciación sobre ciberseguridad y en las sesiones de formación ofrecidas en su lugar de trabajo, institución educativa u organización comunitaria para aumentar sus conocimientos y capacidades en relación con la seguridad del ciberespacio.

La conclusión clave de este capítulo es que mantener una buena higiene cibernética en el entorno digital actual es primordial. Siguiendo las mejores prácticas aquí descritas, puede construir una defensa eficaz para proteger las redes, los dispositivos y los datos frente a las amenazas, al tiempo que se protege a sí mismo y a sus activos digitales. No es necesario ser técnico; utilizar el sentido común puede ayudarnos a mitigar los riesgos. Recuerde: la ciberseguridad debe gestionarse con cuidado para una vida digital saludable.

Capítulo 7: Ingeniería social

La ingeniería social en ciberseguridad se refiere a cualquier manipulación psicológica para obtener acceso no autorizado a datos o sistemas sensibles. Los ataques de ingeniería social son uno de los principales medios utilizado por los ciberdelincuentes para explotar las vulnerabilidades humanas.

Volver al ejemplo inicial de la introducción sobre las técnicas de los espías puede ayudarnos a entender cómo la ingeniería social se ha convertido en el camino más fácil para obtener información.

Los piratas informáticos emulan las mismas técnicas que los espías utilizando diferentes capas de ataques. Se hacen pasar por amigos, familiares, autoridades y compañeros de trabajo para ganarse la confianza de sus objetivos. Esto puede hacerse a través de correos electrónicos, mensajes de texto o llamadas telefónicas. Los piratas informáticos también utilizan lo que se denomina *"pretexto"*, es decir, una narrativa falsa para manipular al usuario para que actúe o proporcione información. En la mayoría de las películas, los espías dicen: *"Me han llamado para hacer una limpieza en el ático o en la habitación en el segundo piso."* También los hemos escuchado decir cosas como, *"Somos la empresa de mudanzas, ya hemos conversado con su jefe solo necesitamos que usted nos abra la puerta"*. Si el delincuente tiene información verídica esto permite que su pretexto sea más creíble y ganar acceso o información de su objetivo.

Los piratas informáticos hacen los *deberes* sobre sus objetivos. Es bien sabido que utilizan los foros en línea, las redes sociales y la información accesible en Internet. Si su contraseña contiene fechas, nombres de mascotas, colores favoritos, alimentos, direcciones o cualquier información identificable, sepa que esa información será accesible para ellos.

<u>**Comprender la ingeniería social**</u>

¿Por qué funcionan estas tácticas? Los ataques de ingeniería social se basan en la psicología y las interacciones humanas para manipular a las personas. Los ciberdelincuentes explotan la confianza, la curiosidad, el miedo y la autoridad como herramientas manipuladoras durante estos ataques. Por ejemplo, pueden aprovechar su necesidad de más dinero, su temor de perder a un ser querido o su preocupación por perder el empleo. Estos sentimientos son naturales y los delincuentes lo saben, por lo que utilizarán estas preocupaciones y miedos a su favor para obtener la información o el acceso que necesitan.

Los ataques de ingeniería social adoptan diversas formas; comprender sus características es vital para defenderse de ellos con eficacia. Algunos ejemplos comunes de ataques de ingeniería social incluyen:

Suplantación de identidad: Los ataques de phishing consisten en el envío de correos electrónicos, mensajes de texto o publicaciones en redes sociales fraudulentos que parecen proceder de instituciones legítimas, como bancos, gobiernos u organizaciones de confianza. Estos mensajes suelen incluir enlaces maliciosos, archivos adjuntos infectados con programa maligno o solicitudes de datos confidenciales, como nombres de usuario, contraseñas, información de cuentas bancarias o números de tarjetas de crédito. Al hacer clic en estos enlaces o proporcionar la información solicitada, las víctimas corren el riesgo de sufrir robo de identidad o graves pérdidas financieras.

Pretexto: Se trata de una técnica de ingeniería social en la que los atacantes crean una identidad ficticia o pretexto para ganarse la confianza de las víctimas y obtener sus datos sensibles o privilegios. Los atacantes pueden hacerse pasar por personal de soporte informático, agentes de atención al cliente o personas conocidas, y persuadir a las víctimas para que revelen información confidencial o realicen acciones que comprometan su seguridad.

Cebo: Los ataques de cebo utilizan ardides para atraer a las víctimas con ofertas o recompensas para convencerlas de que hagan clic en enlaces maliciosos, descarguen archivos de programas malignos o faciliten datos personales que comprometan la seguridad. Los ataques de cebo aprovechan la curiosidad o la codicia de las víctimas para que realicen acciones que ponen en peligro su seguridad.

Spear Phishing: El spear phishing es una forma de phishing dirigido en la que los atacantes se enfocan en personas u organizaciones específicas con ataques personalizados diseñados para eludir sus mecanismos de defensa. Los spear phishers realizan una investigación exhaustiva para crear mensajes convincentes que parecen legítimos, aumentando así sus probabilidades de éxito.

Ataques Watering Hole: Los ataques de tipo watering hole implican infiltrarse en sitios web frecuentados por grupos u organizaciones objetivo e inyectarles software malicioso mediante vulnerabilidades de seguridad. El objetivo es obtener acceso no autorizado o robar datos sensibles de los usuarios que visitan dichos sitios.

Ataques de suplantación de identidad: Los ataques de suplantación de identidad implican hacerse pasar por otra persona, normalmente alguien de confianza como un compañero de trabajo, un amigo o un familiar, para obtener acceso no autorizado o extraer datos confidenciales de las víctimas. Los suplantadores aprovechan la confianza que inspiran estas figuras conocidas para coaccionar a las víctimas a revelar información confidencial o realizar acciones que comprometan su seguridad.

Vishing: Este tipo de ataque suele involucrar tácticas de ingeniería social, como hacerse pasar por una figura de autoridad legítima o usar un lenguaje apremlante para crear una sensación de urgencia, obligando a la víctima a actuar rápidamente sin reflexionar. También puede implicar la falsificación de números de teléfono o el uso de mensajes de voz automáticos para hacer que el ataque parezca más convincente.

Los atacantes pueden usar la prueba social para persuadir a las víctimas a realizar acciones que comprometan la seguridad. Por ejemplo, pueden enviar correos electrónicos o mensajes de texto falsos diciendo que otros empleados o miembros ya han aceptado ciertas solicitudes, creando presión de grupo. Esto puede convencer, a las víctimas de aprobar todo sin verificar la legitimidad. Siempre sea escéptico y valide el origen, la información o la solicitud antes de seguir adelante.

Repercusiones de los ataques de ingeniería social

Los ataques de ingeniería social pueden tener consecuencias significativas tanto para las personas como para las organizaciones, incluyendo pérdidas financieras, daño a la reputación y sanciones legales.

Los ciber piratas pueden obtener credenciales de inicio de sesión, información de cuentas financieras y propiedad intelectual, lo que puede resultar en violaciones de datos con graves repercusiones financieras y legales. Un ejemplo de esto es la usurpación de identidad, donde los delincuentes pueden solicitar préstamos a su nombre sin su conocimiento.

Los hackers engañan a las víctimas para que transfieran fondos a sus cuentas.

Los atacantes se hacen pasar por altos ejecutivos para autorizar transacciones financieras fraudulentas. Es un método muy común llamado Business Email Compromise (BEC).

Otro efecto es el daño a la reputación de la imagen de la organización al quebrantar la confianza de clientes, socios y partes interesadas, lo que tiene ramificaciones adversas duraderas en la imagen de marca, la lealtad de los clientes y las relaciones comerciales. Cuando la reputación se ve afectada, también afecta a la cuenta de resultados. Un ejemplo claro fue la filtración de datos de *Yahoo! en julio de 2016. Las filtraciones afectaron las intenciones de Verizon Communications de adquirir Yahoo! por unos $4.800 millones de dólares, lo que se tradujo en una *disminución de $350 millones de dólares* en el precio final del acuerdo.

Los ataques de ingeniería social suelen tener serias ramificaciones financieras y legales. Al participar en actividades fraudulentas que quebrantan la confianza o permiten el acceso no autorizado a datos confidenciales, las organizaciones o los individuos pueden enfrentar importantes responsabilidades legales. Estas pueden incluir multas y sanciones por no haber implementado las medidas de seguridad adecuadas. Además, las pérdidas financieras pueden ser directas, como el robo de fondos, o indirectas, como el costo de la recuperación de datos, la reparación de sistemas comprometidos y la mitigación del daño a la reputación. En algunos casos, las víctimas pueden enfrentar demandas de clientes o socios comerciales afectados por la violación de datos, lo que puede resultar en largos y costosos litigios.

Los ataques de ingeniería social representan un peligro significativo tanto para las organizaciones como para los individuos, ya que los atacantes emplean diversas tácticas psicológicas para engañar a las víctimas y obtener acceso a datos o sistemas sensibles sin autorización. La clave para mitigar estos riesgos radica en la conciencia y la vigilancia. Al estar informados y cautelosos, podemos protegernos y proteger nuestras organizaciones de estas amenazas. La educación continua y la implementación de medidas de seguridad robustas son esenciales para prevenir que estos ataques tengan éxito.

Juntos, podemos marcar la diferencia y fortalecer nuestras defensas contra la ingeniería social.

Capítulo 8: Respuesta a incidentes

Responder a incidentes es una parte crucial de la ciberseguridad. Esto implica que una organización tenga procesos y procedimientos para manejar y reducir los efectos de un ciberataque, ya sea una pequeña brecha de información, una amenaza interna, un ataque de ransomware o la interrupción de servicios. En este capítulo, exploramos cómo gestionar estos incidentes y las estrategias para prevenir futuros problemas.

Las organizaciones necesitan un plan claro para responder a incidentes de ciberseguridad. Esto les ayuda a manejar los problemas de manera efectiva, evitando sorpresas, retrasos en la respuesta y daños mayores. Al detectar, contener y resolver rápidamente los incidentes, pueden minimizar los daños potenciales, reducir los costos de inactividad y proteger datos confidenciales, asegurando al mismo tiempo la continuidad de la empresa.

Componentes de la respuesta a incidentes

La respuesta a incidentes suele abarcar tres componentes. Estos incluyen:

Detección de incidentes: Las organizaciones deben establecer medidas para identificar rápidamente los incidentes de ciberseguridad. Herramientas como los sistemas de gestión de eventos de seguridad (SIEM), los sistemas de detección de intrusiones (IDS) y las soluciones de inteligencia de amenazas pueden ayudar en este proceso. Además, las soluciones de detección y respuesta gestionada (MDR) ofrecen una forma práctica de monitorear continuamente las amenazas y responder a ellas rápidamente, proporcionando una capa adicional de protección y permitiendo que los expertos gestionen la seguridad en tiempo real.

Notificación y escalado de incidentes: Tan pronto como se identifique un incidente, debe notificarse con prontitud y escalarse jerárquicamente dentro de una organización en función de su gravedad y notificarse a la seguridad informática o a la gestión de incidentes inmediatamente. La notificación garantiza que se les preste una atención rápida, mientras que las medidas adoptadas con prontitud pueden reducir el impacto de los incidentes y ayudar a proteger las operaciones contra otros similares en el futuro.

Clasificación y evaluación de incidentes: Para responder adecuadamente a un incidente, un equipo especializado debe evaluar su naturaleza, impacto y alcance. Esto incluye clasificar los incidentes según su gravedad, identificar los sistemas afectados, evaluar los daños potenciales y diseñar estrategias para futuras respuestas.

Una vez evaluado el incidente, se deben tomar medidas inmediatas para reducir su efecto. Esto puede incluir aislar los sistemas o redes afectados, desactivar cuentas comprometidas, bloquear actividades maliciosas, aplicar parches y otras acciones necesarias para prevenir daños mayores.

Con el incidente bajo control, el equipo debe investigar a fondo para determinar su origen, gravedad y las técnicas utilizadas por el atacante. Esto puede requerir el uso de técnicas forenses, análisis de registros y evaluación de programas malignos, entre otras estrategias de investigación.

Inmediatamente después de contener un incidente y completar su investigación, el siguiente paso debe ser restaurar todos los datos y servicios afectados a su estado anterior al incidente. Puede ser necesario restaurar a partir de copias de seguridad, reconfigurar los sistemas o abordar las vulnerabilidades según sea esencial para que los sistemas vuelvan a ser seguros y funcionales. Los equipos de respuesta a incidentes deben observar de cerca los procedimientos restaurados para asegurarse de que no haya amenazas residuales. Por experiencia, yo aconsejaría luchar contra el impulso o las presiones de volver a poner rápidamente los sistemas en producción sin acceder correctamente al entorno, lo que puede hacerse saneando el entorno o mediante una evaluación de la ocultación de amenazas una vez contenido el incidente.

Después de un incidente, es importante revisar lo que ocurrió y cómo se manejó. Esto incluye identificar debilidades en el proceso de respuesta y hacer los cambios necesarios. Documentar lo aprendido ayuda a mejorar las capacidades de respuesta para futuros incidentes. Este análisis permite a las organizaciones mejorar continuamente su preparación y respuesta ante incidentes.

Para que la respuesta a un incidente sea exitosa, es esencial una comunicación clara entre todos los implicados. Todos deben saber qué ocurrió, cómo se respondió y cuáles fueron los resultados. Un lenguaje claro protege la reputación de la empresa y asegura la transparencia, cumpliendo con cualquier obligación legal. La mayoría de las organizaciones tienen un plan de continuidad de negocio que ahora debería incluir cómo manejar y comunicar incidentes cibernéticos.

Las cuestiones legales y reglamentarias juegan un papel crucial en la respuesta a incidentes, dependiendo del impacto y la naturaleza del incidente. Las organizaciones deben estar familiarizadas con las leyes de notificación de violaciones de datos, las normativas de privacidad, las normas específicas del sector y los acuerdos contractuales para responder eficazmente. La notificación a las autoridades pertinentes es esencial y debe formar parte de nuestro plan de comunicación de incidentes. Informar a las autoridades puede ayudar a prevenir futuros ataques y proteger nuestra organización y comunidad.

Responder a incidentes requiere una coordinación multidisciplinaria entre los equipos de TI y seguridad, pero las medidas técnicas no resuelven todos los problemas. Las decisiones de respuesta a incidentes a menudo requieren la colaboración de diversas áreas de la organización, como Recursos Humanos, Tecnología, Legal, Operaciones y Relaciones Públicas. La coordinación entre estos equipos puede ser esencial según la gravedad o naturaleza del incidente.

Capítulo 9: Creando gobernanza de la cibeseguridad

La gobernanza de la ciberseguridad juega un papel crucial en la gestión de los riesgos de ciberseguridad dentro de cualquier organización. Esto se logra mediante el establecimiento de políticas, procedimientos y mecanismos de rendición de cuentas que garantizan la adecuada protección de datos y activos críticos contra posibles ciberataques. En este capítulo, ofrecemos una visión general clara y accesible de los conceptos fundamentales de la gobernanza de la ciberseguridad. Abordamos sus componentes esenciales, como los procedimientos de políticas y la responsabilidad, además de proporcionar consejos prácticos para crear marcos de protección efectivos.

Gobernanza de la ciberseguridad

La gobernanza de la ciberseguridad abarca la administración y supervisión estratégica y operativa de la seguridad digital en una organización. Esto implica asignar funciones y responsabilidades a las partes interesadas clave, así como diseñar políticas, procedimientos y mecanismos de rendición de cuentas para cumplir los objetivos de ciberseguridad establecidos por la dirección.

Un componente central de la gobernanza de la ciberseguridad son las políticas. Estas son declaraciones escritas que describen cómo la organización gestionará los riesgos de ciberseguridad. Las políticas definen lo que está permitido y lo que no en áreas como la gestión de contraseñas, la clasificación de datos y las respuestas a incidentes. Además, estas políticas deben alinearse con los objetivos empresariales generales y el apetito de riesgo de la organización.

Los procedimientos implementan las políticas de ciberseguridad de manera efectiva, detallando los pasos y procesos necesarios para llevar a cabo tareas específicas como la gestión de parches, el análisis de vulnerabilidades, la incorporación y baja de usuarios y la gestión de incidentes. Estos procedimientos deben ser claros y fáciles de entender, y deben revisarse periódicamente para mantenerse actualizados con los cambios tecnológicos y las nuevas amenazas.

La rendición de cuentas es fundamental en la gobernanza de la ciberseguridad. Esto implica establecer mecanismos que responsabilicen a individuos y equipos por sus acciones u omisiones relacionadas con la ciberseguridad. El objetivo es fomentar una cultura de concienciación y responsabilidad en todos los aspectos operativos de la organización. Además, es crucial desarrollar métricas que permitan medir el desempeño de los procesos, el impacto del riesgo y la aplicación de las políticas.

Para establecer una gobernanza eficaz de la ciberseguridad debe seguirse un proceso sistemático con múltiples pasos.

Definir y comunicar los objetivos de ciberseguridad. Describa claramente lo que la organización espera de los empleados, proveedores y otras partes interesadas en materia de ciberseguridad. Comparta este mensaje en toda la organización para concienciar y fomentar la comprensión.

Elabore políticas y planes de procedimiento. Establezca objetivos integrales de ciberseguridad alineados con el apetito de riesgo de su organización, con políticas concisas y declaraciones fáciles de entender; los procedimientos deben incluir detalles para aplicarlos eficazmente. Integrar los resultados de la evaluación del riesgo cibernético, el análisis del impacto cibernético y las estrategias de recuperación en el análisis del impacto en el negocio (BIA). De este modo, ayudamos a garantizar que los riesgos e impactos cibernéticos se tienen en cuenta a la hora de desarrollar planes de continuidad de negocio y recuperación en caso de catástrofe.

Formación y educación de los empleados: Imparta formación periódica a los empleados sobre políticas y procedimientos de ciberseguridad para garantizar que su personal comprende sus funciones y responsabilidades en el mantenimiento de la ciberseguridad y las posibles repercusiones del incumplimiento. Recomendamos realizar pruebas mensuales de phishing, simuladores de ransomware, pruebas de suplantación de dominios y otras como parte de su programa interno de formación de empleados. Un ejemplo sencillo de estos recordatorios los vemos en los aeropuertos. Cuando esperamos nuestro vuelo escuchamos un anuncio que nos recuerda "notificar cualquier comportamiento extraño a las autoridades." Esta notificación ayuda a la administración tomar medidas anticipadas a la vez que mantiene a los transeúntes en constante alerta.

Supervisar y reevaluar: Revisar y evaluar periódicamente la eficacia del marco de gobernanza de la ciberseguridad, actualizando las políticas, los procedimientos y los mecanismos de rendición de cuentas según sea necesario en respuesta a los cambios en la tecnología, las amenazas, los requisitos organizativos o las estrategias empresariales.

Para construir una base sólida en la gestión de la ciberseguridad, las organizaciones deben establecer políticas, procesos y mecanismos de responsabilidad dentro de un enfoque sistémico empresarial. Esto incluye definir objetivos claros de ciberseguridad y proporcionar formación periódica a los empleados sobre la eficacia del marco de gobernanza. Al aplicar estos principios, las organizaciones pueden desarrollar regímenes de ciberseguridad robustos que protejan sus activos críticos contra posibles ciberataques.

Capítulo 10: El futuro de la ciberseguridad

A medida que se desarrolla la tecnología, la ciberseguridad sigue evolucionando; las organizaciones deben estar al tanto y adaptar sus estrategias a este campo en constante cambio. En este capítulo, exploramos el futuro de la ciberseguridad: sus tendencias emergentes, retos, oportunidades y cualquier consideración especial que las organizaciones deban tener en cuenta para proteger eficazmente los activos digitales en los próximos años.

Tendencias en ciberseguridad

Las amenazas a la seguridad evolucionan constantemente, y las organizaciones deben estar al tanto de las diversas tendencias emergentes en materia de ciberseguridad para mantenerse al día y evitar convertirse en víctimas de la ciberdelincuencia. Como ocurre con cualquier nueva tecnología que atrae rápidamente la atención del público en general, también atrae rápidamente a los malos actores que pretenden aprovecharse de ella. Algunas tendencias clave que han cobrado fuerza recientemente son:

La Inteligencia Artificial (IA) y el Aprendizaje Automático (AA) están transformando rápidamente el campo de la ciberseguridad. Estas tecnologías avanzadas permiten a las organizaciones detectar amenazas con mayor rapidez, responder a incidentes de manera más eficaz y proteger los sistemas de manera proactiva. Sin embargo, también presentan nuevos riesgos y desafíos que deben ser gestionados cuidadosamente.

Para empresa pequeña o mediana existe unos beneficios que nos permiten hacer más con menos y sin la necesidad de ser expertos en ciber seguridad. Existe soluciones de ciber seguridad con capacidad de medir grandes volúmenes de datos en tiempo real y poder detectar anomalías que podrían ser maliciosas. Lo interesante es que no están limitadas, a solo detectar, sino que también puede tomar decisiones automáticas y bloquear una actividad sospechosa o aislar un sistema comprometido.

Así como la IA puede ser utilizada para mejorar la ciberseguridad, también puede ser explotada por atacantes para desarrollar amenazas más sofisticadas. Por ejemplo, mejorar el phishing personalizado y desarrollar programas malignos que evade la detección.

Cuando utilizamos herramientas de IA 'abiertas' o disponibles al público se generan preocupaciones asociados a la confiabilidad de los datos. Esto plantea riesgos significativos de privacidad si no se manejan adecuadamente. Es crucial que las organizaciones implementen medidas estrictas como la Prevención de Perdida de Datos, para proteger la privacidad y asegurar que los datos sean utilizados de manera ética.

No existe duda que la Inteligencia Artificial (IA) y el Aprendizaje Automático (AA) están transformando el mundo de negocios. Están aportando herramientas poderosas para proteger datos y sistemas en nuestro mundo digital. Al igual que automatizando procesos que ayudan en la reducción de costos operacionales y tiempos de respuestas. Sin embargo, estas tecnologías también traen nuevos desafíos y riesgos. Las organizaciones deben equilibrar los beneficios de la IA y el AA con una comprensión profunda de estos riesgos. Es crucial implementar estrategias sólidas para mitigar posibles amenazas y asegurar la privacidad y seguridad de los datos.

Es posible que hoy día ya está utilizando o tiene en producción equipos de IoT. Los IoT son los equipos que son conectados constantemente al Internet para maximizar su uso. Algunos ejemplos de estos dispositivos pueden ser la adopción de 5G en sus redes o móviles. Manufactura Inteligente como sensores y sistemas automatizados. En el campo de la salud vemos un gran crecimiento con monitores conectados, dispositivos portátiles que rastrean actividades físicas, signos vitales y otros. Debido a la adopción generalizada de IoT en todos los sectores, proteger sus dispositivos interconectados y cualquier dato generado es todo un reto. Estos sistemas están exponenciando un crecimiento a pasos agigantados para capturar datos y comportamientos en las empresas.

Estos dispositivos a pesar de sus ventajas también abren una posible brecha en su seguridad cibernética. La adopción y dependencias de estos equipos requieren una constante actualización de las firmas de código del fabricante, deben poseer comunicación segura y deben ser fácilmente identificables para poder protegerlos.

La computación en la nube ha transformado la manera en que las empresas y organizaciones gestionan sus recursos tecnológicos, ofreciendo una flexibilidad y escalabilidad sin precedentes. Sin embargo, junto con estos beneficios, también surgen una serie de desafíos, especialmente en el ámbito de la ciberseguridad.

La computación en la nube podría reducir la necesidad de grandes inversiones iniciales en infraestructura de TI. El beneficio por lo general viene en su modelo de pago por uso. La computación en la nube nos permite escalar rápidamente para consumir procesamiento o almacenamiento de una forma instantánea. Un ejemplo practicó es cuando su departamento de mercadeo quiere lanzar una campaña de publicidad y se quieren mucho cómputo para correr la misma y almacenamiento en un corto plazo. En esos casos contratamos los servicios por el tiempo definido de la campaña y luego reducimos el mismo en su conclusión.

Sin embargo, existen retos administrativos. La computación en nube es una extensión de su ambiente en oficina. Lo cual implica que usted es el dueño de los datos que suben y bajan de dicha nube. No nos escapamos del cumplimiento normativo. Las empresas deben cumplir con diversas regulaciones de protección de datos (como GDPR, HIPAA) que pueden tener requisitos específicos sobre cómo y dónde se deben almacenar los datos. Bajo ese mismo paragua debemos asegurar que solo los usuarios autorizados tengan acceso a los recursos necesarios (IAM).

En algunos casos las empresas están adoptando arquitecturas de nube híbrida que combinan infraestructura en la nube pública y privada para aprovechar lo mejor de ambos mundos. Este modelo se ha convertido en uno de mayor rendimiento financiero y mejor control de los accesos.

La computación cuántica es otra tecnología que promete transformar muchos campos, incluida la criptografía. A medida que los ordenadores cuánticos ganan potencia y las técnicas de cifrado tradicionales pierden fiabilidad, debemos desarrollar nuevas tecnologías de cifrado innovadoras para proteger los datos con eficacia.

La computación cuántica representa una espada de doble filo en el ámbito de la ciberseguridad. Si bien ofrece posibilidades enormes para resolver problemas complejos y mejorar la eficiencia, también plantea riesgos significativos que deben ser abordados de manera proactiva. Las organizaciones y los gobiernos deben prepararse para estos desafíos mediante la investigación y el desarrollo de criptografía post-cuántica, la capacitación de profesionales en seguridad cuántica y la implementación de estrategias de protección de datos a largo plazo. La preparación y la adaptación serán clave para enfrentar la nueva era de la computación cuántica y asegurar que sus beneficios no se vean opacados por los riesgos asociados.

Las normativas y directrices de ciberseguridad están en constante evolución a medida que se promulgan nuevas leyes y normas para promover la privacidad y la protección de datos. Las organizaciones deben mantenerse al día con estas normas para evitar consecuencias financieras o legales sin dejar de cumplirlas.

<u>**Desafíos de la ciberseguridad**</u>

Las organizaciones tienen que hacer frente a las amenazas futuras de la ciberseguridad como componente integral de la protección de los activos y datos digitales, pero en este camino se enfrentan a muchos obstáculos diferentes. A continuación, se enumeran algunos de los principales obstáculos, a los que se enfrentan en relación con la ciberseguridad.

Los ciberdelincuentes se han vuelto más sofisticados y persistentes, utilizando tácticas avanzadas para eludir las defensas de ciberseguridad tradicionales. Las organizaciones deben invertir en capacidades avanzadas de detección y respuesta, y mantenerse actualizadas sobre las amenazas emergentes para protegerse de estos ataques cada vez más complejos.

Las amenazas internas siguen representando un riesgo significativo para las organizaciones. Desde empleados malintencionados o negligentes hasta peligros como infecciones por programas malignos y el robo de propiedad intelectual. Recientemente, KnowBe4*, una destacada empresa de formación y concienciación en ciberseguridad sufrió un importante incidente de seguridad al contratar inadvertidamente a un hacker norcoreano. El hacker, que se hizo pasar por un solicitante de empleo legítimo, utilizó una identidad estadounidense robada e imágenes mejoradas con IA para superar el minucioso proceso de contratación de la empresa, que incluía comprobaciones de antecedentes y múltiples entrevistas en vídeo.

Una vez contratado, el hacker intentó cargar programa maligno en el portátil de la empresa para robar información confidencial. Afortunadamente, los sistemas de seguridad de KnowBe4 detectaron la actividad maliciosa casi de inmediato, impidiendo cualquier filtración de datos o daño significativo. El incidente subraya la sofisticación de las ciber amenazas modernas y los persistentes esfuerzos de los actores patrocinados por el Estado para infiltrarse en las organizaciones a través de la ingeniería social avanzada y el engaño técnico.

Un último reto para las organizaciones es la escasez de talento en el ámbito de ciber seguridad. Las organizaciones encuentran cada vez más difícil retener y contratar talentos cualificados en ciberseguridad. Para hacer frente a la escasez y crear una mano de obra experimentada en el área debemos realizar evaluaciones de habilidades para identificar empleados que puedan tener potencial en ciberseguridad. Establecer programas de carrera que permitan a los empleados en otras áreas como tecnología, o departamentos de auditoría, que podrían ser candidatos para transitar hacia roles de ciberseguridad.

La inversión en capacitación puede mitigar riesgos al tener un personal más preparado. Ejemplos de cursos o certificación relevantes como CISSP, CEH, CompTIA Security+, entre otras.

Como mencionamos al principio podemos implementar herramientas de automatización para reducir la carga de trabajo en tareas repetitivas y permitir que el personal se concentre en tareas más complejas.

Oportunidades de ciberseguridad:

Aunque la ciberseguridad plantea muchos obstáculos a las organizaciones, existen en ella múltiples oportunidades para impulsar su postura de ciberseguridad y reducir las vulnerabilidades potenciales. He aquí algunas de esas ventajas en forma de opciones:

Innovación en ciberseguridad - Las empresas pueden innovar en ciberseguridad para diferenciarse en el mercado al integrar tecnologías avanzadas. Además, implementar soluciones de ciberseguridad que se adapten dinámicamente a nuevas amenazas no solo protege los activos críticos, sino que también construye una sólida reputación de confianza entre clientes y socios. La innovación en ciberseguridad también incluye la creación de programas de concienciación y formación continua para empleados, fortaleciendo así la primera línea de defensa de la organización. Al adoptar un enfoque proactivo y adaptativo en ciberseguridad, las empresas no solo mitigan riesgos, sino que también ganan una ventaja competitiva al demostrar su compromiso con la seguridad y la privacidad.

Desarrollo del personal de ciberseguridad – Retención de talento. Contratación de recursos especializados. Las empresas deben aprovechar la oportunidad que supone la falta de personal cualificado invirtiendo en programas como certificaciones, formación y tutoría para crear una mano de obra cualificada en ciberseguridad. Hacer esto puede ayudar a abordar la escasez de personal de seguridad cualificado al tiempo que se refuerzan las capacidades de ciberseguridad de las organizaciones. Debemos recordar que los empleados están dispuestos a permanecer en empresas que los ayudan a crecer y desarrollarse.

Colaboración e intercambio de información - Las amenazas a la ciberseguridad a menudo no afectan a una sola organización y deben abordarse como parte de un esfuerzo colectivo. Las organizaciones pueden colaborar intercambiando información sobre amenazas, lecciones aprendidas y mejores prácticas para reforzar las defensas de ciberseguridad frente a amenazas que afectan a varias entidades simultáneamente.

Cumplimiento y gestión de riesgos - Con el creciente énfasis en la normativa y el cumplimiento de la ciberseguridad, las organizaciones tienen la oportunidad de desarrollar sólidos marcos de gobernanza. Al implementar prácticas efectivas de gestión de riesgos, las empresas pueden mitigar amenazas cibernéticas, realizar análisis de riesgos periódicos y asegurar el cumplimiento de leyes y regulaciones vigentes. Estos esfuerzos no solo protegen los activos críticos, sino que también fortalecen la confianza de clientes y socios, mejorando la reputación y competitividad de la organización en el mercado.

Nuevas tendencias tecnológicas

La transformación digital se ha convertido en un motor clave para la rentabilidad y el éxito empresarial en la era moderna. Hay varios estudios y artículos que demuestran cómo la adopción de tecnologías digitales puede aumentar la rentabilidad de las empresas.

El informe del *Foro Económico Mundial destaca que la adopción de tecnologías digitales y la automatización no solo aumentan la productividad, sino que también mejoran la rentabilidad y la creación de empleo en sectores clave. Las empresas que invierten en tecnología digital y capacitación de su fuerza laboral están mejor posicionadas para capturar las oportunidades de crecimiento.

Dos grandes apuestas tecnológicas son la Inteligencia Artificial y el Big Data. Los expertos prevén que esta combinación automatizará el 80% de los procesos manuales y facilitará el 70% o más del esfuerzo de recopilación de información. Desde el punto de vista de la seguridad, algunas ventajas se están incorporando a productos y soluciones que ayudan a detectar patrones más rápidamente, automatizar pasos para responder con rapidez a los ataques y ayudar a minimizar los falsos negativos en las alertas.

También es cierto que el crecimiento y la adopción de estos dos sectores suponen un difícil reto para las iniciativas de seguridad a escala mundial. Repasemos algunos de ellos y sus retos.

Un gran ejemplo sería la popularidad de **ChatGPT**, un modelo de lenguaje artificialmente inteligente diseñado para producir texto similar al humano a partir de cualquier entrada recibida; no plantea un problema de seguridad per se; sin embargo, a medida que ChatGPT se hace aún más popular, ya vemos tendencias, como la composición intensa de correos electrónicos de phishing, la codificación de programa maligno y el análisis sintáctico de datos para una mejor orientación. Una tendencia reciente son los paquetes de código malicioso que se distribuyen utilizando alucinaciones de paquetes de IA, que pueden que un desarrollador podría descargar inadvertidamente, incorporándolos a software de uso generalizado. Esto supone un riesgo importante para la cadena de suministro de software, como se ha mencionado anteriormente con el ejemplo de Solarwinds.

Como con cualquier tecnología, puede haber vulnerabilidades que los actores maliciosos podrían utilizar para obtener acceso no autorizado o comprometer la seguridad.

Aunque ChatGPT no plantea amenazas directas a la ciberseguridad, sigue siendo prudente aplicar las mejores prácticas al utilizar cualquier tecnología o modelos lingüísticos de IA.

Algunas consideraciones para desplegar una aplicación avanzada como ChatGPT es la exposición de datos sensibles de la organización. ChatGPT puede procesar grandes volúmenes de datos, incluidos datos sensibles y confidenciales. Existe el riesgo de que datos sensibles se filtren o sean accesibles a usuarios no autorizados. Estos datos que exponemos en ChatGPT pueden ser datos personales, lo que puede plantear problemas de privacidad si no se maneja adecuadamente.

No existe duda que ChatGPT es una tecnología de vanguardia del cual podemos beneficiarnos. Mientras apliquemos políticas y manejemos el riesgo.

La **Inteligencia Artificial (IA)** se está convirtiendo en una tendencia importante dentro de la sociedad y la ciberseguridad. Empresas como Amazon, Tesla y Netflix están obteniendo beneficios que lo separan de su competencia en sus respectivos mercados. Similar a estas grandes empresas su organización podría obtener una amplia gama de beneficios que van desde la mejora de la eficiencia operativa hasta la creación de nuevas oportunidades de negocio.

Aunque la implementación de la Inteligencia Artificial (IA) ofrece numerosos beneficios, también presenta varios desafíos y peligros que las empresas deben considerar y gestionar adecuadamente. Los sistemas de IA se entrenan utilizando grandes conjuntos de datos, que pueden contener información incompleta o sesgada que conduzca a decisiones y resultados sesgados. Esto puede resultar problemático en el ámbito de la ciberseguridad, en el que los algoritmos de IA sesgados podrían dar lugar a una selección, elaboración de perfiles, toma de decisiones o tratamiento discriminatorios para determinados grupos, lo que daría lugar a resultados o tratamientos injustos para ellos. Para combatir este riesgo, los sistemas de AI en ciberseguridad deben utilizar conjuntos de datos diversos y representativos con auditorías periódicas para controlar los niveles de sesgo/equidad de sus algoritmos.

La IA presenta otro desafío para la ciberseguridad, ya que sus algoritmos a menudo son opacos o complejos de interpretar (por ejemplo, los modelos de redes de aprendizaje neuronal profundo), lo que significa que sus procesos de toma de decisiones no pueden explicarse fácilmente, por lo que es difícil para los empleados o los reguladores ver por qué los sistemas de IA toman ciertas decisiones de ciberseguridad, lo que podría tener ramificaciones adversas en la rendición de cuentas, la confianza y el cumplimiento normativo. La creación de técnicas de IA explicables, como marcos o modelos de aprendizaje automático, podría resolver este obstáculo de forma eficaz.

La adopción de la IA está proporcionando a las empresas una ventaja competitiva significativa al mejorar la eficiencia, reducir costos, innovar en productos y servicios, y mejorar la experiencia del cliente. Sin embargo, para maximizar estos beneficios, las empresas deben abordar los desafíos relacionados con la integración de la IA, la gestión de datos y la ética en el uso de la tecnología. La inversión en IA y la capacitación del personal serán claves para aprovechar plenamente el potencial de la inteligencia artificial en el entorno empresarial moderno.

La metodología **DevSecOps** es una evolución de DevOps que integra la seguridad en todas las fases del ciclo de vida del desarrollo de software, desde la planificación y el desarrollo hasta la entrega y la operación. DevSecOps responde a la necesidad de incorporar prácticas de seguridad de manera continua y automática, en lugar de relegarlas a una fase posterior. Podemos aprovechar esta metodología para automatizar procesos que beneficien la organización con la entrega de servicios más rápidos y seguros. Aquí unos aspectos claves a considerar.

Diseño y desarrollo seguros: Los equipos DevSecOps deben implementar la seguridad en todas las etapas del ciclo de vida de desarrollo de software (SDLC). Esto incluye seguir ciertas prácticas de codificación, realizar revisiones del código para detectar vulnerabilidades de seguridad y utilizar marcos y bibliotecas de desarrollo seguros. Los requisitos de seguridad como la autenticación, la autorización, el cifrado, la validación de entradas y la gestión de errores deben, especificarse antes de integrarlos en los diseños y códigos de software.

Automatización y seguridad continua: Uno de los principios básicos de DevSecOps es la automatización, y este principio puede aprovecharse para aplicar prácticas de seguridad continua. La automatización proporciona los medios para llevar a cabo pruebas de seguridad, análisis de vulnerabilidades, revisión de código y procesos de despliegue. Estos métodos ayudan a identificar y remediar los problemas de seguridad en una fase temprana, reduciendo los riesgos en los entornos de producción.

Implemente medidas estrictas de gestión de acceso y control de privilegios para limitar el acceso de personal autorizado a los entornos de producción y sistemas críticos, lo que incluye medidas de autenticación fuerte, control de acceso basado en roles (RBAC) y la aplicación del principio de mínimo privilegio, que limita los permisos de usuario sólo lo necesario para realizar sus tareas.

La adopción de DevSecOps representa una evolución crucial en el desarrollo de software seguro y ágil. Al integrar la seguridad en cada fase del ciclo de vida del desarrollo, las empresas pueden mejorar la calidad y seguridad de sus aplicaciones, reducir costos y mantener una ventaja competitiva en el mercado. Fomentar una cultura de seguridad compartida, junto con la automatización de pruebas de seguridad y la integración continua, es fundamental para el éxito de DevSecOps. La implementación de esta metodología no solo protege a las organizaciones contra amenazas y vulnerabilidades, sino que también optimiza la eficiencia operativa y asegura el cumplimiento normativo continuo.

Debido a su naturaleza digital y descentralizada, **las criptomonedas,** se han convertido en una tendencia tentadora. Su beneficio principal siendo la descentralización también supone un reto. Las criptomonedas requieren estrictas precauciones de ciberseguridad para seguir siendo viables y accesibles al uso de los inversores.

Los monederos de criptomonedas permiten a particulares e instituciones enviar, recibir y almacenar criptomonedas de forma segura. Una protección adecuada contra el acceso no autorizado o la pérdida incluye el establecimiento de contraseñas seguras con MFA activado, mantener los dispositivos actualizados con parches de seguridad, utilizar carteras de hardware/soluciones de almacenamiento en frío, etc. - Todo ello contribuye a crear entornos más seguros.

Las claves privadas son cruciales para acceder y gestionar criptomonedas, actuando como firmas en las transacciones y autorizando las transferencias. Sin embargo, para evitar el robo de criptomonedas, es de vital importancia que las claves privadas estén protegidas contra la entrada no autorizada, lo que puede implicar el uso de carteras de hardware, métodos de almacenamiento fuera de línea o técnicas de cifrado como soluciones de seguridad.

Como las transacciones de criptomoneda se realizan en línea, pueden ser vulnerables a la interceptación, la manipulación y otros ataques. A la hora de salvaguardar la seguridad de las transacciones y evitar comportamientos fraudulentos, es de vital importancia emplear canales de comunicación seguros encriptados; además, los detalles de la transacción deben verificarse antes de la confirmación, y los destinatarios también deben verificarse antes de proceder con las transacciones.

Los usuarios de criptomonedas suelen ser víctimas de ataques de phishing diseñados para robar sus claves privadas u obtener acceso no autorizado. Los usuarios pueden reducir su vulnerabilidad a estas estafas informándose sobre las tácticas habituales de phishing, las señales de advertencia y los protocolos de verificación eficaces que garantizan la legitimidad y autenticidad de las comunicaciones y transacciones.

Los contratos inteligentes que utilizan redes blockchain son susceptibles a riesgos de seguridad como errores de código y fallos lógicos que los comprometen, creando vulnerabilidades potenciales que requieren auditorías y el uso de prácticas de codificación seguras, y la realización de evaluaciones de seguridad en profundidad para mantener estos contratos seguros. Aumentar la seguridad y la auditoría de los contratos inteligentes puede ayudar a emplear código seguro cuando se escriben contratos inteligentes internamente. Puede ayudar a garantizar que funcionen de forma óptima sin errores o vulnerabilidades que amenacen la seguridad y la confianza entre las partes interesadas en estos contratos.

Los inversores en criptomoneda son vulnerables a ser atraídos por estafas o esquemas Ponzi que los lleven a participar en esquemas de inversión ilegales u otros actos delictivos. Los usuarios pueden protegerse aumentando la concienciación sobre estas estafas; fomentando la inversión responsable; proporcionando recursos para denunciar presuntas estafas; y ofreciendo recursos diseñados para denunciar presuntas estafas.

Los sistemas inmunes digitales también se están popularizando. Se trata de un conjunto de herramientas y procesos de ciberseguridad que utilizan inteligencia artificial y algoritmos de aprendizaje automático para vigilar continuamente el entorno digital de una organización. El objetivo de un sistema inmunitario digital es detectar y responder a las ciber amenazas en tiempo real, de forma similar a como el sistema inmunitario humano detecta y responde a los agentes patógenos del organismo.

Los sistemas inmunes digitales pueden presentar varios riesgos y preocupaciones en el contexto de la ciberseguridad, algunos de los cuales incluyen:

Aunque los sistemas inmunes digitales pueden aumentar significativamente las capacidades de detección y respuesta a las amenazas, están lejos de ser infalibles. Las organizaciones podrían confiar erróneamente solo en ellos y descuidar otras prácticas de ciberseguridad importantes, como la formación de los empleados, las evaluaciones periódicas de la gestión de los riesgos de seguridad o las prácticas de gestión de la evaluación de vulnerabilidades, que dan a las organizaciones falsas sensaciones de seguridad que las dejan expuestas a amenazas que el sistema inmune digital no detectaría.

El Sistema Inmune Digital se basa en gran medida en algoritmos de aprendizaje automático y automatización para la detección y respuesta a amenazas. Aunque estas tecnologías pueden proporcionar detecciones precisas de las amenazas, ocasionalmente pueden producir falsos positivos o ceros, lo que lleva a pasar por alto amenazas o alarmas innecesarias; demasiada automatización sin la supervisión humana adecuada puede producir protecciones de ciberseguridad ineficaces o insuficientes.

El uso de tecnologías avanzadas, como la inteligencia artificial o el aprendizaje automático, para desarrollar un sistema inmune digital puede requerir la recopilación de grandes volúmenes de datos sensibles y personales, algunos de ellos personales. Como ocurre con todos los datos recopilados por estos medios, surgen implicaciones de privacidad, protección, protección de derechos y éticas; las organizaciones deben cumplir estrictamente cualquier normativa de protección de datos antes de recopilar este tipo de datos para su sistema y utilizarlos éticamente dentro del mismo.

A medida que el mundo evoluciona y adopta estas nuevas tendencias tecnológicas, como ChatGPT, AI, Criptomoneda, Blockchain, Sistemas Inmunes Digitales y otros, debemos ayudar a avanzar en la brecha de habilidades y acelerar la curva de aprendizaje.

Capítulo 11: Selección y contratación de un proveedor de seguridad

Como extra, incluimos un último tema: **Selección y contratación de un proveedor de seguridad.**

Tenga en cuenta todos los factores posibles a la hora de seleccionar el proveedor de seguridad que satisfaga las necesidades de ciberseguridad de su organización; a continuación, le ofrecemos algunos consejos para que los guarde en el bolsillo.

Busque proveedores con un historial excelente en el suministro de soluciones de ciberseguridad eficaces y fiables, sobre los que puede obtener más información investigando su historial, testimonios y opiniones de clientes.

Especialización y experiencia: Este punto de evaluación es importante siendo que ningún proveedor es experto en todo. Queremos tener alternativas al momento de la contratación. Considerando que la ciberseguridad abarca múltiples dominios como la seguridad de la red, la protección de puntos finales, los servicios en la nube y las aplicaciones; por lo tanto, es aconsejable buscar a alguien especializado en áreas relevantes.

Tecnología e innovación: Evalúe las capacidades de su proveedor en materia de tecnología e innovación. Las amenazas cibernéticas cambian constantemente, por lo que asociarse con una organización que se mantiene a la vanguardia con enfoques avanzados de ciberseguridad, tecnología de última generación e inteligencia de amenazas debe ser importante para usted. Como parte de este proceso de evaluación, debe valorar su capacidad para adaptar o actualizar rápidamente sus productos y servicios.

Escalabilidad y flexibilidad: Evalúe si el proveedor puede ampliar y adaptar sus soluciones para satisfacer las necesidades actuales y futuras de usted y su organización. ¿Sus soluciones crecen junto con su empresa a medida que lo hacen sus necesidades? ¿Puede el proveedor gestionar el crecimiento, la complejidad y el tamaño con suficiente eficacia?

Integridad e interoperabilidad: Cuando busque soluciones de proveedores, asegúrese de que se adaptan perfectamente a las infraestructuras de tecnología existentes. Para garantizar la fluidez de las operaciones de ciberseguridad, la compatibilidad, la interoperabilidad y la facilidad de integración son fundamentales: compruebe las capacidades de integración del proveedor y las características de compatibilidad de la API para determinar este factor.

Acuerdos de nivel de servicio y asistencia (SLA): Revise detenidamente los acuerdos de nivel de servicio y asistencia de cada proveedor para asegurarse de que se ajustan a sus necesidades, teniendo en cuenta factores como los tiempos de respuesta, los plazos de resolución, los canales de asistencia disponibles y la experiencia general del servicio de atención al cliente. Es esencial que, en caso de incidentes o problemas cibernéticos, cuenten con equipos de asistencia fiables que respondan con rapidez si surgen problemas que requieran la atención de fuentes externas. A medida que los proveedores crecen, subcontratan la asistencia o el servicio de ayuda al cliente en el extranjero, lo cual está bien, pero si ese es el caso, valide que el idioma no se convierta en una barrera. No hay nada peor que no entenderse cuando se sufre un ataque.

Precios y coste total de propiedad (TCO): A la hora de fijar el precio de las soluciones y calcular su coste total de propiedad, hay que tener en cuenta los gastos de licencia, mantenimiento y actualización, así como los gastos de formación o consultoría en los que se incurra a lo largo del tiempo. En definitiva, lo que necesita es una solución que se ajuste a su presupuesto y le proporcione un valor real a largo plazo.

Consideraciones para el cumplimiento y la regulación: Si su sector requiere regulación, verifique si los proveedores cumplen las normas pertinentes, como HIPAA o PCI-DSS, para reducir el riesgo legal o normativo. Del mismo modo, verifique si sus soluciones cumplen las normas específicas del sector, como PCI DSS, para tener la máxima tranquilidad (tenga en cuenta el cumplimiento de la seguridad de la cadena de suministro).

Actitud y prácticas de seguridad del proveedor: Considere cuidadosamente cómo cada proveedor implementa y practica la seguridad en sus operaciones. Compruebe sus prácticas, certificaciones y medidas para asegurarse de que cuentan con salvaguardas sólidas para proteger los datos y los sistemas frente a las ciber amenazas. Muchas empresas de seguridad retienen información de sus sistemas llamado logs. Es importante saber dónde están almacenados, por cuanto tiempo y que ocurre con ellos el día que se suspenda o cancele el servicio.

Solicite testimonios y referencias a los clientes actuales de su proveedor para conocer sus experiencias con él. Póngase en contacto con sus referencias para recabar opiniones sobre el rendimiento, el servicio de atención al cliente y la fiabilidad del proveedor.

Encontrar el proveedor de seguridad ideal es una decisión crítica para cualquier organización, con implicaciones significativas en muchos aspectos, como la reputación, la experiencia y la tecnología, como consideraciones clave a la hora de seleccionar uno. A la hora de examinar a los proveedores, también es crucial evaluar de forma coherente los aspectos de escalabilidad e integración para que sigan siendo eficaces a lo largo del tiempo.

Formular las preguntas pertinentes al examinar a los proveedores para satisfacer las necesidades de seguridad de su organización le permite reunir más información y tomar decisiones más inteligentes. He aquí algunas preguntas que deberían hacerse a los posibles proveedores:

¿Cuál es la experiencia y el historial de su empresa en el suministro de soluciones de ciberseguridad? ¿Cuánto tiempo lleva funcionando la empresa y cuál es su experiencia en ese sector?

Describa qué servicios o soluciones de ciberseguridad ofrece su empresa y cómo se adaptan a los requisitos de nuestra organización. En particular, detalle las características, capacidades y funcionalidades asociadas a cada solución que ofrecen.

¿Cuáles son los retos de ciberseguridad de nuestra organización y ejemplos de la eficacia de las soluciones para mitigar riesgos cibernéticos similares?

¿Qué tecnologías emplea para detectar, responder y prevenir las ciber amenazas? ¿Confía en herramientas avanzadas de inteligencia artificial, aprendizaje automático o análisis del comportamiento para mejorar la identificación de amenazas y la capacidad de respuesta?

¿Hasta qué punto son adaptables y escalables sus soluciones? ¿Son lo suficientemente adaptables a nuestros requisitos de ciberseguridad actuales y futuros, incluidos los cambios en las tecnologías o el panorama de amenazas, así como los planes de crecimiento u otros factores?

¿Cómo se integrarán sus productos con nuestra infraestructura informática actual y con otras tecnologías de seguridad que empleemos? Facilite información sobre su compatibilidad, interoperabilidad y facilidad de integración.

Tenga en cuenta sus tiempos de respuesta, tiempos de resolución y canales de asistencia disponibles a la hora de ofrecer atención al cliente; proporcione referencias de clientes existentes que puedan verificar sus capacidades en atención al cliente.

¿Qué modelos de precios y costes totales asociados a la propiedad utiliza en relación con las licencias, el mantenimiento, la actualización y los gastos de consultoría/formación asociados a su(s) producto(s)?

¿Qué certificaciones o normas de conformidad se aplican a sus soluciones? ¿Qué normas o certificaciones cumple su producto o solución?

¿Cuáles son las prácticas, medidas y certificaciones de seguridad de su empresa para salvaguardar los datos y la información de los clientes?

¿Cuál es la hoja de ruta y la visión de futuro de su empresa en materia de soluciones de ciberseguridad? ¿Cómo innovará y se adaptará a medida que la tecnología cambie rápidamente el panorama de la ciberseguridad?

Estas preguntas le permitirán obtener más información sobre la experiencia, la tecnología, los servicios de asistencia, la estructura de precios, las políticas de cumplimiento y los planes de un proveedor. De este modo, su organización podrá tomar decisiones más informadas que se ajusten a sus requisitos y objetivos de ciberseguridad. También debe realizarse una evaluación exhaustiva de los proveedores y soluciones de seguridad para asegurarse de que satisfacen ambas necesidades a la vez que protegen de las ciber amenazas.

Conclusión

A medida que la ciberseguridad sigue avanzando, surgen nuevas amenazas a diario que presentan oportunidades y retos tanto para las organizaciones como para las personas. A través de este libro, hemos explorado el intrincado panorama de las ciber amenazas y las soluciones de defensa resistentes destinadas a salvaguardar los entornos digitales tanto de particulares como de organizaciones. A lo largo de nuestro viaje, hemos encontrado varios conceptos, estrategias y mejores prácticas que forman el núcleo de posturas de seguridad sólidas.

A medida que nos acercamos a la conclusión de este libro, debemos reconocer y reflexionar sobre el esfuerzo colectivo para asegurar un futuro digital. La ciberseguridad no puede recaer únicamente en unos pocos expertos o equipos, sino que su mantenimiento implica a todos: individuos, organizaciones y gobiernos de todo el mundo.

Al adoptar una mentalidad de ciberseguridad, nos capacitamos para tomar decisiones informadas, reconocer los riesgos y mitigarlos eficazmente, al tiempo que protegemos valiosos activos contra la ciberdelincuencia. El conocimiento ha demostrado su poder, mientras que las medidas proactivas han demostrado su valor: son elementos vitales en la lucha contra la ciberdelincuencia.

Sin embargo, nuestro trabajo está lejos de haber terminado; a medida que los adversarios encuentren nuevas formas de explotar las vulnerabilidades y la tecnología avance rápidamente, el panorama de las amenazas volverá a cambiar. Por lo tanto, debemos permanecer vigilantes, adaptarnos a las amenazas emergentes y reforzar continuamente las prácticas de ciberseguridad.

Mientras navegamos por las complejidades de la vida digital, recordemos que la ciberseguridad no es solo un reto de ingeniería, sino también emocional. Debe existir una cultura de la seguridad en la que se eduque, capacite y anime a las personas a dar prioridad a la ciberseguridad en su vida cotidiana; también se requiere un ecosistema en el que las organizaciones y los gobiernos colaboren en el intercambio de inteligencia, el desarrollo de soluciones innovadoras y la creación de infraestructuras digitales resistentes para una protección adecuada de la ciberseguridad.

A medida que nos adentramos en esta era digital, aprovechemos sus oportunidades al tiempo que nos mantenemos firmes en nuestro compromiso con la ciberseguridad. Juntos podemos construir un futuro digital más seguro y resistente que beneficie a las generaciones venideras.

Gracias por acompañarnos en esta esclarecedora aventura. Que los conocimientos de este libro le permitan navegar por el panorama de la ciberseguridad, en constante evolución, con mayor facilidad y resistencia.

Gracias por su lectura.

¿Quiere saber más?

Hay muchas opciones en línea para conocer más sobre temas de Ciberseguridad. Algunas para su revisión:

Canales de YouTube

- Red Chuck
- Puesto Gris
- La rata XSS
- Profesor Messer
- Hak5
- Instituto InfoSec
- Bugcrowd
- Sombrero negro

Páginas web

- www.udemy.com
- www.cousera.org
- www.sans.org
- www.cybrary.it
- online.stanford.edu

Aplicaciones populares

- Aprender ciberseguridad
- Aprender hacking
- Biblioteca
- Universidad de Hacking Ético
- HackerX
- Aprenda Kali Linux

Plataformas de ciberseguridad

- Biblioteca
- RealTryHackMe
- OverTheWireCTF
- HackTheBox
- RootMe
- LetsDefendIO
- Vulnmachines

Glosario

Inteligencia Artificial (AI)

Capacidad de un ordenador digital o de un robot controlado por ordenador para realizar tareas comúnmente asociadas a seres inteligentes.

Autenticación

Proceso de identificación y verificación de un usuario o dispositivo.

Autorización

Proporcionar acceso a usuarios o dispositivos con los permisos adecuados para acceder al entorno o a los datos.

Biometría

Características físicas que pueden utilizarse como forma de autenticación.

Blockchain

Un registro digital de transacciones a través de múltiples servidores u ordenadores que no están controlados de forma centralizada ni distribuidos por ninguna entidad.

Cifrado

El algoritmo se utiliza para realizar el cifrado o el descifrado.

Ciberdelincuencia

Actividad delictiva que implica el uso de activos digitales para cometer un delito.

Ciber higiene

Se trata de un conjunto de prácticas que un individuo o una organización lleva a cabo regularmente para mantener la salud y la seguridad de los activos digitales.

Inteligencia sobre ciber amenazas

Información recopilada, analizada y compartida sobre ciber amenazas potenciales y emergentes, incluidas tácticas, técnicas e indicadores de compromiso (IOC).

Ciberseguridad

El estado de estar protegido contra el uso delictivo o no autorizado de datos electrónicos o las medidas adoptadas para lograrlo.

Filtración de datos

Incidente en el que personas no autorizadas acceden a datos sensibles o confidenciales, a menudo con el resultado de su exposición, robo o puesta en peligro.

Darkweb o Internet Oscura

Es el contenido de la World Wide Web que utiliza Internet pero requiere software, configuraciones o autorizaciones específicas para acceder a él.

Cifrado

Proceso de codificación de datos o información de forma que sólo las partes autorizadas puedan acceder a ellos y comprenderlos. El cifrado garantiza la confidencialidad e integridad de los datos, incluso si son interceptados o robados.

Cortafuegos

Dispositivo o software de seguridad que supervisa y filtra el tráfico de red en función de reglas de seguridad predeterminadas. Actúa como barrera entre las redes internas fiables y las redes externas no fiables.

Hackear

Acción de atacar un sistema informático, red o dispositivo objetivo.

Protocolo seguro de transferencia de hipertexto (HTTPS)

Utiliza el cifrado para la comunicación segura a través de una red informática y se utiliza ampliamente en Internet. En HTTPS, el protocolo de comunicación se cifra mediante Transport Layer Security (TLS) o, antes, Secure Sockets Layer (SSL).

Respuesta a incidentes

Proceso de detección, respuesta y mitigación del impacto de un incidente de ciberseguridad. Implica analizar el incidente, contener la amenaza y restablecer la normalidad de las operaciones.

Internet de los objetos (IoT)

Dispositivos con capacidad de procesamiento que se conectan a sistemas a través de Internet u otras redes.

Sistema de detección de intrusos (IDS)

Sistema de seguridad que supervisa el tráfico de la red en busca de indicios de actividad sospechosa o maliciosa. Alerta a los administradores cuando se detectan posibles violaciones de la seguridad o ataques.

Aprendizaje automático

La capacidad de utilizar algoritmos para desarrollar métodos de "aprendizaje" para ordenadores que puedan simular inteligencia.

Malware o Programa Maligno

Abreviatura de software malicioso, se refiere a cualquier software diseñado para dañar o explotar sistemas o redes informáticos. Algunos ejemplos son los virus, gusanos, troyanos, ransomware y spyware.

Autenticación multifactor

Forma de autenticación que utiliza dos o más métodos de autenticación para proporcionar acceso a un entorno o red.

Phishing o Suplantación de Identidad

Un ataque de ingeniería social es aquel en el que los atacantes envían correos electrónicos o mensajes fraudulentos, haciéndose pasar por una fuente de confianza, para engañar a los destinatarios y conseguir que revelen información confidencial o hagan clic en enlaces maliciosos.

Parche o Actualización

Actualización de software lanzada por un proveedor para corregir vulnerabilidades conocidas o solucionar errores de software. La aplicación periódica de parches ayuda a mantener los sistemas seguros y actualizados.

Pruebas de penetración

El hacking ético es un ataque controlado y simulado a un sistema o red para identificar vulnerabilidades y evaluar la eficacia de las medidas de seguridad.

Ransomware

Tipo de software malicioso que se apodera de un ordenador, datos o sistema para exigir dinero por el acceso.

Evaluación de riesgos

El proceso de identificar, evaluar y priorizar los riesgos potenciales para determinar la probabilidad y el impacto potencial de los mismos. Ayuda a las organizaciones a tomar decisiones informadas sobre los controles de seguridad y las estrategias de mitigación de riesgos.

Ficha de Seguridad

Se utiliza como clave digital o electrónica en lugar de una contraseña -un autentificador digital- para acceder a un sistema, software o red.

Ingeniería social

Las técnicas de manipulación se utilizan para engañar y explotar a las personas, a menudo mediante manipulación psicológica, para obtener acceso no autorizado o extraer información sensible.

Amenaza

Una entidad que puede explotar una vulnerabilidad para causar daño o con intención delictiva.

Red privada virtual (VPN)

Servicio prestado para que los usuarios se conecten de forma segura a la red a través de Internet.

Vulnerabilidad

Debilidad o defecto en un sistema, aplicación o red que los atacantes pueden explotar para obtener acceso no autorizado o realizar actividades maliciosas.

Vulnerabilidad de día cero

Una vulnerabilidad de seguridad es desconocida para el proveedor
o desarrollador del software, lo que la hace susceptible de
explotación antes de que esté disponible un parche o solución.

Notas y referencias

Referencias de artículos nombrados durante la lectura.

El coste cibernético de Cybe:

https://cybersecurityventures.com/cybercrime-damages-6-trillion-by-2021/

Instituto Ponemon:

https://www.ponemon.org/research/ponemon-library/security/2017-cost-of-cyber-crime-study.html

Cost of a Data Breach Report:

https://info.techdata.com/rs/946-OMQ-360/images/Cost_of_a_Data_Breach_Report_2021.PDF

Revista Seguridad 360:

https://revistaseguridad360.com/destacados/ciberataque-una-guia-completa/#Las_consecuencias_de_un_ciberataque_exitoso

Referencia del caso objetivo:

https://www.usatoday.com/story/money/2017/05/23/target-pay-185m-2013-data-breach-affected-consumers/102063932/

Equifax:

https://www.ftc.gov/enforcement/refunds/equifax-data-breach-settlement

HCA Healthcare:

https://www.fiercehealthcare.com/providers/hca-healthcare-hit-least-4-class-action-lawsuits-days-after-disclosing-massive-data

Referencia del Gobierno de Costa Rica:

https://en.wikipedia.org/wiki/2022_Costa_Rican_ransomware_attack

Referencia de Dole Foods y Sobeys:

https://www.cpomagazine.com/cyber-security/dole-food-company-temporarily-halts-operations-after-ransomware-attack/

La ciberdelincuencia costará al mundo 10,5 billones de dólares anuales en 2025:

https://cybersecurityventures.com/cybercrime-damage-costs-10-trillion-by-2025/

Artículo de Forbes sobre la rendición de cuentas:

https://www.forbes.com/sites/forbestechcouncil/2022/07/11/why-we-need-accountability-for-effective-cybersecurity-frameworks/?sh=6f10f375e621

KnowBe4 – Hacker Interno

https://www.bleepingcomputer.com/news/security/knowbe4-mistakenly-hires-north-korean-hacker-faces-infostealer-attack/

Informe IBM 2020 sobre el error humano

https://www.engineeringnews.co.za/article/the-role-of-human-error-in-cybersecurity-breach-2022-08-29#:~:text=Según%20un%20estudio%20de,las%20violaciones%20se%20deben%20a%20errores%20humanos.

Explicación del hack de Solarwinds:

https://www.techtarget.com/whatis/feature/SolarWinds-hack-explained-Everything-you-need-to-know

¡Yahoo'! Filtración de datos:

https://en.wikipedia.org/wiki/Yahoo!_data_breaches

"The Future of Jobs Report 2020." World Economic Forum:

https://www.weforum.org/publications/the-future-of-jobs-report-2020/

Tommy Lorenzo es un veterano de TI de más de 26 años que cubre conceptos globales de Transformación Digital y Seguridad para clientes. Durante este tiempo, ha ayudado a clientes a responder a incidentes, generar nuevas posturas de seguridad y educar a audiencias no técnicas sobre la importancia de adoptar la ciberseguridad como práctica empresarial.

Cuando no está trabajando con clientes, Tommy pasa la mayor parte del tiempo leyendo, viendo deportes y viajando por el mundo. Fanático confeso de La Guerra de las Galaxias, pasa muchas horas volviendo a ver las películas, las series y leyendo novelas de La Guerra de las Galaxias o al menos eso dice su mujer, que lleva 9 años con él. Una buena taza de café nunca está demasiado lejos de su escritorio.

Mantente en contacto con Tommy a través de la web:

Twitter: *http://www.twitter.com/tlorenzo_pr*

Instagram: *https://instagram.com/tommylorenzoautor*